生活·讀書·新知 三联书店

子安宣邦
作品集

【日】子安宣邦 著

董炳月 译

国家神道的现状

国家与祭祀

图书在版编目（CIP）数据

国家与祭祀：国家神道的现状／（日）子安宣邦著；
董炳月译. —北京：生活·读书·新知三联书店，2007.3
（2019.3 重印）
（学术前沿）
ISBN 978－7－108－02654－5

Ⅰ.国… Ⅱ.①子… ②董… Ⅲ.①国家神道－研究－
日本 ②靖国神社－研究 Ⅳ.① B981 ② D731.3

中国版本图书馆 CIP 数据核字（2007）第 035785 号

责任编辑　叶　彤
装帧设计　康　健
责任印制　徐　方
出版发行　**生活·讀書·新知** 三联书店
　　　　　（北京市东城区美术馆东街 22 号 100010）
网　　址　www.sdxjpc.com
图　字　01-2018-4879
经　销　新华书店
印　刷　三河市天润建兴印务有限公司
版　次　2007 年 5 月北京第 1 版
　　　　2019 年 3 月北京第 2 次印刷
开　本　880 毫米 × 1230 毫米　1/32　印张 6.25
字　数　257 千字
印　数　05,001－10,000 册
定　价　38.00 元
（印装查询：01064002715；邮购查询：01084010542）

译者修订说明

本书是三联书店 2007 年 5 月出版的《国家与祭祀》一书的修订本。与旧版本相比，该修订本不再拘泥于日文原著的汉字词汇与句式，并且补充了若干译者注，以便中文圈读者阅读、理解。这种修订是基于译者翻译观的变化。现在，译者认为：翻译的终极目的是让另一种语言环境中的读者来阅读。译文的"信"，是词汇、句式的"信"与意涵的"信"这两种"信"的统一。由于"辞"与"意"的关系具有间接性，因此，翻译过程中语言的重组是必然的。这次修订幅度很大，现在诸位读者看到的，与其说是修订本不如说是重译本。

十年前该书出版之后，在中国知识界引起了一定的反响。多家杂志、网站发表了书评，2008 年 5 月 30 日，香港凤凰卫视专题节目《开卷八分钟》用整期节目介绍了该书。该书引起反响，一方面是因为其政治神学批判具有鲜明的针对性——针对的是当时日本社会的右倾化在知识界、政界的种种表现，针对的是杀与被杀的悲剧被右翼人士"荣光"化的事实；另一方面是因为其论述涉及现代国民国家建设中的普遍性问题——包括个人与国家的关系，国家的世俗化、非宗教化，等等。子安宣邦先生撰写本书是在 2003 年。现在，十五年过去了，日本、亚洲乃至世界的形势均发生了巨大变化，诸位读者阅读本书，亦当有新的理解。

董炳月　2018 年 7 月 27 日

目　录

致中国读者

"国民的本质就是全部的个人共同拥有许多事实，而所有的人又都忘却了许多事实。"——此语乃法国宗教史家埃尔奈斯特·卢南（1823—1892）在题为"何谓国民"的讲演中所言。接着，卢南又说："任何一位法国市民，都必须记住圣巴尔赛勒弥的屠杀——13世纪发生在法国南部的屠杀。""国民"的形成是通过人们共同进行的对于光辉的英雄历史的记忆与对于历史上悲惨事件的忘却而实现的——卢南表述该事实的言辞，尖锐地将现代"国民"概念所包含的问题摆在了我们面前。他告诉我们："国民"的形成、演变，或者"国民"的复活，均未脱离历史问题。

半个多世纪前的那场世纪大战，严酷地决定了生存在20世纪世界上的人们的命运。战争结束的时候，在表示永远保持这场战争的记忆而不遗忘的同时，新的世界、新的日本应当都已经开始了自己的进程。但是，日本人将那场战争的什么留在了记忆中？铭记广岛与长崎①的惨剧、追悼惨剧牺牲者的集会——此类活动尽管也包含着反核这一人类共有的愿望，但在跨过20世纪的现在依然持续着，未曾中断。问题是，日本帝国遗留在中国、韩国乃至亚洲诸地域的巨大爪痕有多少留在了日本人的记忆中？最近，我看了日本年轻的影视工作者制作的纪录片《来自酒

---

① 这两个地名在原文中不是写作汉字，而是写作日语片假名。这种写法意味着将广岛和长崎作为原爆城市符号化。——译注

满辛酸泪水的大地》。那是对于在中国东北地区被旧日军遗留的武器（其中也有毒瓦斯等化学武器）所伤、所病、所杀的人们的生存状态的记录。那是日本发动的战争现在依然继续给中国的国民造成痛苦的加害事实。十年来，因毒瓦斯造成的哮喘病而痛苦不堪的受害者那剧烈的咳嗽声——从电视画面上传来的那种咳嗽声——告诉我：与那些武器一起被日本人遗弃、日本人试图忘却的战争的历史，作为他们的痛苦继续存在着。对于日本人来说，倾听那无法抑制的咳嗽声是痛苦的。我甚至想把耳朵塞起来。但是，只有在对那咳嗽声的倾听之中，才能产生有助于我们与亚洲的人们共生的某种东西。

试图用参拜靖国神社这种形式维持的日本人的战争记忆，就像那些遗留武器现在依然折磨着许多中国人一样，是在无视靖国神社对于中、韩等国的人们来说只能是痛苦的记忆这一事实的前提下试图维持的记忆。这种记忆的延续，是以忘却或者无视他人的痛苦为前提，是与仅仅继续拥有自己国家或者民族之光荣的愿望同时进行的。这种记忆的延续也是一种自命不凡的历史主张。那也是历史再认识论者·历史修正主义者的主张——这些人将对于自己国家历史的反省作为"自虐史观"加以排斥，将近现代史作为具有正当性的历史过程进行重新把握和重新解读。在国内支撑着日本首相不停参拜靖国神社的话语，就是这种历史再认识论。而且，他们这些历史再认识论者有此类发言——"国家神道"既曾是建造了中国台湾神社、设立了朝鲜神宫的日本帝国的祭祀体系，也曾是意识形态体系，该"国家神道"仅仅作为幻影存在过。因此，我的《国家与祭祀》不得不用这种与历史再认识论者进行批判性抗争的形式展开论述。

　　不过，我在本书中展开的针对历史再认识论者的思想性抗争，也是为了在 21 世纪的现在对 1945 年日本的再生与新的起点所具有的意义进行积极的再确认。作为不战之国的新生日本的出发，也是作为不祭祀之国的出发。就是说，参拜靖国神社与历史再认识论，也是存在于新生日本的宪法中的这两种国家原则的再认识主张。因此，我以日本的战争记忆的应有状态为中心，并且确实是以日本人的历史认识问题为中心而进行的思想性抗争，也是在对 1945 年日本的再生进行重新确认的同时而展开的、面向 21 世纪日本的国家原则的思想抗争。这种思想抗争是为了使关于在亚洲造成了无数死亡与痛苦的战争的记忆不被遗忘的抗争，并且应当是为了日本在亚洲社会中真正获得共生条件的抗争。

　　我们在日本进行的围绕靖国神社问题以及围绕宪法问题的抗争运动，是为了追求亚洲社会中日本的真正共生而展开的。那是谋求与中国的、韩国的以至于亚洲的人们的真正连带而展开的运动。我相信，以日本的历史问题为处理对象的思想性抗争之书《国家与祭祀——国家神道的现状》中文译本的出版，能够进一步促进日本与中国之间的这种连带关系的确立。

　　现在，承蒙董炳月先生的厚意与努力，我的《国家与祭祀——国家神道的现状》被翻译为中文，得以提供给中国的读者朋友。就是说，我在本书中进行的以历史问题为中心的思想性抗争得以为中国读者所共有。亚洲社会中的人们对于历史问题和历史认识的共有，是生存于亚洲社会中的我们走向共生的基础，并且是走向共生的前提。如果本书的中文版能够对于这种历史认识的共有、对于亚洲社会中的我们走向共生有所帮助，那么，对于我这位著者来说是莫大的喜悦。

最后，对为了本书的翻译出版不辞劳苦的林少阳先生，对接受了本书中文译稿的三联书店，我均表示发自内心的感谢！

子安宣邦

2005 年 7 月 18 日

第一章
国家神道的现状

换言之，村村镇镇模仿天皇举行的祭祀，也举行祭祀。因此可以认为，祭祀亦为日本民族、日本国家这一共同体进行统合之本源。

——真弓常忠《神道祭祀》

1. 国家神道的问题

新年之际首相们对伊势神宫的参拜已经完全常规化为正式仪式，与此同时，首相不顾近邻诸国的抗议固执地对靖国神社进行正式参拜也在成为惯例。关于参拜靖国神社国内虽然有争议，但关于参拜伊势神宫的争议却几乎未曾发生。毋宁说，参拜伊势神宫似乎是一个令人畏惧并被回避的问题。而且，我们记忆犹新的是，大尝祭这一皇室的神道仪式被作为正式仪式而举行，全国各地的神社都飘扬着庆祝天皇即位的旗帜。如果从这种状况出发进行思考，那么近期由声名狼藉的村上重良给"国家神道"所下的定义——所谓"在随着天皇制国家的形成、通过与皇室祭祀的结合、神社神道作为国家宗教性祭祀体系被重新构建之处认识国家神道的成立"这一定义①，好像是要超越村上对于从明治维新至日本战败约八十年间

① 村上重良在《国家神道》（岩波新书，1970年）的开头部分这样（转下页）

国家神道存在的历史时间限定，继续保持其再生的命脉。所谓国家神道，并非只应面向过去进行追问的问题。对于国家神道的追问，必须围绕日本这个国家的祭祀性与宗教性不停地进行，或者说这完全是目前必须提出的问题。

有的学者一边批判村上之流的国家神道论，一边又在当下竭力推进应当称作"国家神道再认识论"的讨论。神道史研究专家阪本是丸即为此类学者中的一位。阪本说："所谓国家神道中存在的问题点，绝非突然出现于明治之后的社会，而是与古代以来一直与天皇密不可分、持续至今的神社的国家性和公共性自身相关联。伊势神宫即为其典型。"① 阪本大概是想据此得出"国家神道并非近代的捏造"这种结论吧。但是，阪本说国家神道的问题在于怎样将因与天皇密不可分地相连而历史性地具有"国家性、公共性"的神社、"依然与其他宗教相异的神社这种东西进行国家定位、嵌入国家之中"。当阪本指出这个问题的时候，由此种问题意识建构的国家神

（接上页）说："国家神道是由近代天皇制国家制造的国家宗教，在从明治维新至太平洋战争的大约八十年间统治了日本人的精神。19世纪后半叶登场的日本新国教，是神社神道与皇室神道相结合、以宫中祭祀为基准、通过组合神宫与神社的祭祀而形成的。"村上还在《天皇的祭祀》（岩波新书，1977年）中说："由于明治时代第二个十年前后推行的祭祀与宗教的分离，神社神道被从一般的宗教剥离，作为超宗教之国家祭祀的国家神道确立起来。但是，这新的国家宗教在内容方面是与皇室神道、神社神道直接相连的宗教，不外是天皇的宗教性权威向一切神社的贯彻。"村上的观点是：随着天皇制国家的形成，皇室神道与国家神道相结合，在天皇制国家的祭祀体系形成之处神社神道得以成立。——原注

① 引自《日本的宗教与政治——从近现代130年的视角出发》所收学术讨论会发言。国学院大学日本文化研究所编，2001年。——原注

道与他们所批判的村上的国家神道之间究竟有多大的差异呢？阪本所说的国家神道的问题在于古来一直具有与天皇相关联的国家性的神社是怎样嵌入近代国家的，在村上这里难道不仅仅是在"近代天皇制国家的制作"方面打了着重号而已？毋宁说，阪本是认真地追溯到古代天皇制国家、就神社之国家性的由来为我们进行了说明。

在这里，我是固执地立足于现在国家神道论批判中被批判的一方与批判的一方之间，讨论围绕国家神道之定义的同一性（相同性）。之所以这样做，是因为我已经明白自己在这种错综复杂的讨论中试图批判性地进行重新认识的究竟是什么。

我试图重新认识的绝非此种国家神道。该国家神道，倘若依照阪本的表述进行重复的话，乃被认为存在问题的国家神道——问题在于，自古以来因与天皇密切相关而具有国家性和公共性的神社，在日本近代国家形成之际，作为与其他宗教（诸如佛教、基督教）相异的国家·国民式的宗教怎样重构？在这种问题构成方面国家神道的定义无须被重新认识。唯其如此，通过复权式再生的要求继续保持其命脉、开始新的胎动的正是该国家神道。对此进行确认是重要的。我们绝不能被布满陷阱的重新认识论这种历史性话语所误导。现在要重新认识的，是在现代史上变为现实的国家神道以及相关历史评价。村上重良所谓"国家神道乃近代天皇制国家制造出的国家宗教，在从明治维新至太平洋战争失败的约八十年间一直统治日本人精神"的国家神道。在村上这里，国家神道由于受到过高评价——被与在近代史上天皇制国家的意识形态体系相提并论的那种评价——而得以成立。与此相对，阪本是丸指出："在某种意义上所谓国家神道对于内务部相关部门而言简直是'空虚'。……所谓作为国家制度的国家神道，简言之即为'空虚'。"①他想说的是在近代史上国家神道不幸地是作为没有灵魂的空虚制度而存在的。

当村上们的国家神道论中的历史评价被认为在战后日本构成了占统治地位的历史观的时候，国家神道再认识论即被作为来自不同历史立场的历史再认识论的有力但曲折的主题而提出。所谓再认识，在这里是对其"缺陷式成立"之失败的确认。通过该"失败的确认"，其被强加的过度的负面评价得以清洗，畅通无阻的复权再生之路被打通。此乃再认识论者之愿望所在。这样，作为历史再认识论——基于战后式历史评价的重写历史之要求的历史再认识论——的有力的一翼，国家神道再认识论生机勃勃地展开了。②这种再认识论首先通过苇津珍彦的"国家神道曾为何物？"这一作为

---

① 据前引《日本的宗教与政治——从近现代 130 年的视角出发》所收阪本是丸的讲演记录《国家神道的成立与终结》。——原注

② 所谓国家神道再认识论，如同本书将详细谈及的，是以苇津珍彦的《国家神道曾为何物？》（神社新报社，1987 年）作为重要的问题起点，以村上代表的那种对于战后国家神道论的全面批判为轴心，围绕对于日本近代史上国家神道的实像与历史评价的再认识，最近以神道史为中心在政治史与政治思想史等日本近代史诸领域日渐强势地发展着的言论。那表明国家神道作为历史再认识论的重要主题曾经存在。我在这里批判性地涉及的、作为国家神道再认识论进入视野的论著，以前引苇津的著作为首，包括前引《日本的宗教与政治》，大原康男·百地章·阪本是丸《国家与宗教之间——政教分离的思想与现实》（日本教文社，1989 年），阪本是丸《国家神道形成过程的研究》（岩波书店，1994 年），新田均《近代政教关系的基础研究》（大明堂，1997 年），山口辉臣《明治国家与宗教》（东大出版会，1999 年），新田均《"现人神""国家神道"的幻想》（PHP，2003 年），等等。国家神道再认识论提出的基本问题尽见于前面提及的苇津著作以及阪本是丸为该书做的详细的资料补注。——原注

面向过去的追问被提出。[①] 我们试图通过对这一面向过去的追问及对此追问之回答的检讨，确认围绕国家神道问题的现在的轮廓与位相[②]。

2. "国家神道曾为何物？"这个问题

"国家神道曾为何物？"——用这一句式提出的、对于国家神道的过去进行再认识式追究的问题，采用了来自历史性批判者的追究式话语的形式。所谓"曾为何物？"是一种面对作为既存权威的制度或话语等，对于使此种权威正当化的根据之薄弱与虚构性进行历史性剥离与暴露的追究式问题。这种追究过去的问题采用了历史性批判话语的形式，起因于人们在20世纪80年代随着寒彻世界的冷战结构的解体，面对现代世界的各种前提而发出的"曾为何物？"的追问。其中最重要的，既是面对对现代世界进行了理性建构的欧洲式知识的理想状态而提出的问题，进而也是面对将现代世界进行政治·制度性建构的国民国家的理想状态而提出的问题。它是对构成发问者自身之物而提出的问题，也是对于构成自身之物的解构性批判。我在此提起建构于20世纪80年代的批判性追究式

---

① 前引苇津珍彦《国家神道曾为何物？》一书采用"曾为何物？"这种面向过去重新追问的形式提出问题，因此成为国家神道再认识论的原型性发问之书。——原注

② 日语汉字词"位相"（iso）有位置、形态、时间点、结构等含义，可以勉强翻译为汉语的"向度""样态""位置"等。但为了保持原词词义的丰富性，亦即为了保持翻译的准确性，姑且直接用之，算是引进一个日语汉字词。——译注

话语，是为了弄清看似追随这一批判性话语的"国家神道曾为何物？"这一问题的虚伪性，或者它作为对抗性话语的反动性。

"国家神道曾为何物？"这一问题确实采用了面向日本近代史的历史性追问的形式。近代史上存在过怎样的国家神道？成其为国家神道之物本来存在过吗？——此为问题所指。但是，面向日本近代史的这一追究性的问题，从一开始就没有导向对于构成日本近代的国家神道自身的拆解。面向日本近代史的这一追究的批判矛头不是指向国家神道自身，而是指向相关的历史评价话语。"国家神道曾为何物？"这一追究性的问题只能是一个模仿性的问题、一个虚假的问题，原因即在于此。所谓"曾为何物？"并非与追究对象自身相关联的批判性问题。当这一追究性批判的矛头不是指向追究对象自身，而是指向与该对象关联的批评话语的时候，那种追究充其量只能成其为对于究明实像之本来面貌的要求。这样，为了回应苇津"国家神道曾为何物？"这一问题的设定，神道史家与政治史家们寻找存在于近代日本国家政治史、制度史中的国家神道的实像，进行实证主义式的历史探讨，不停地做了大量工作。

我在前面说过："国家神道曾为何物？"是一种追究历史问题的提问，成为这一提问批判对象的，不在于国家神道自身，而在于对于国家神道的历史评价。苇津们说的是：那种历史评价是遵照从战败后这一时期开始便致力于拆毁帝国日本的国家主义·军国主义国家体制的美国的对日占领政策、并迎合这种政策而进行的历史评价。人们从日本近代史中寻找出的国家神道形象，不过是从战后这一时期开始、完全是"事后诸葛亮"式的、遵从起源于占领政策的"合唱式国家神道反对论"者们的历史评价而制造出来的虚像而已。^① 这样，"国家神道曾为何物？"这一指向过去的追问，成为颠覆战后的历史评价、打破被外界强加的神道形象、与此同时在日本近代的历史过程中追寻其实像的历史再认识论。

3. 被强加的"国家神道"

对于再认识论者来说，存在于眼前的是作为被强加之物并且伴随着应当颠覆的历史评价的"国家神道"。该"国家神道"，是在美国的指令——以对日占领政策为基础、与对日本的国家体制进行根本改革相关联的指令——之一、即所谓《神道指令》^②中被责令废止的、作为国教（state religion）的神道。在该指令中，国家神道被定义如下："在本指令中被赋予意义的国家神道这一用语，指根据日本政府的法令与宗派神道或教派神道相区别的一派，即作为国家神道乃至神社神道为一般人所知、被作为非宗教式国家祭祀而分类

---

① 苇津珍彦在前引《国家神道曾为何物？》的结尾处这样说："不明白其真相，外国人将在野人士强烈的神国意识误认为'国家神道'，对国家神道发动了暴风雨般的猛攻。而且，许多与其呼应的国家神道否定史论也被写了出来。对此，抵抗外压的非法性质，力图为国家神道辩护，庄重地对其进行美化、描绘国家神道历史形象的论文也出现了，均给人以镇压、攻击虚像或者防卫的感觉。"而且，苇津用"为将来着想者，首先必须确认实像"一语结束了全书的论述。——原注

② 由联合国军最高指令官总司令部 1945 年 12 月 15 日发布的《关于政府对国家神道、神社神道的保障、支援、保全、监督以及传播的文件》相关的以日本帝国政府为对象的备忘录。——原注

的神道之一派（国家神道或神社神道）。"① 但是，仅仅在这里被定义的国家神道，并非他们所谓被强加的"国家神道"。当然，关于"国家神道"这一用语，苇津也说是"在战前的日本神道人士之间几乎不用的词语，是在美军的指令中被使用之语"②。但是，对于苇津们来说，难以忍受的是该国家神道被迫承担的、作为关系到国家主义·军国主义日本之形成的罪责。

《神道指令》第一条表明：为了达到"将日本国民从对于国家指定的宗教以及祭祀仪式的信仰或者信仰告白（直接的或间接的）的强制中解放"，"防止歪曲神道之教理与信仰、欺骗日本国民、诱导其参加侵略战争、被蓄意的军国主义与过激的国家主义宣传所利用之事再次发生"这一目的，该指令被制定并发布出来。在该指令中，国家神道或神社神道是被作为背负教唆过激国家主义、诱导军国主义的罪责而遭追究之物。苇津们所谓被强加的"国家神道"就是这样的"国家神道"。唯有这样的"国家神道"，才是苇津所谓以美国国务院为中心的对日占领政策拟定者们"关于神道制造出幻影式景象、以之为前提向神道性的日本国民施以重压"的"国家神道"。在这一作为占领政策而强加的幻影式"国家神道"的概念之上，"充当占领军权力之御用者的御用日本文化人"们作为意识形态的虚构制造了国家神道形象，在国民心理上制造混乱，以至于今。——苇津说。

那么，这种所谓幻影式的"国家神道"完全是捏造吗？"《神

---

① 据《〈神道指令〉与战后之神道》（神社新报社编，1971年）附录《〈神道指令〉相关资料集》。——原注
② 前引苇津珍彦《国家神道曾为何物？》。——原注

道指令》正式定义的'国家神道',并非本来的神道学者之物,乃处于世俗性的政府官僚的指导下之物,等等。"如苇津所言,该"国家神道"概念在近代史上拥有神社神道这一实体性基础——存在于帝国政府的神祇政策与帝国官僚指导之下的神社神道。对于该作为实体性基础的神社神道,苇津使用的是"帝国政府的'国家神道'"这一名称。该"帝国政府的'国家神道'"(神社神道),是为了颠覆作为《神道指令》中那种"虚像"的"国家神道"、作为从历史中呼唤出来的实像、具有对抗性的国家神道。

立足于战后式历史评价的国家神道论,藤谷俊雄所谓"与国家联系,并因为此种联系而与战争政策一直保持结合的神道",[3] 或者村上重良定罪为"近代天皇制国家制造出来的国家宗教,在从明治维新至太平洋战争失败的约八十年间一直统治着日本人精神"的国家神道,都是迎合占领军强加的"国家神道"概念而制造出来的意识形态式虚构。——这是苇津们阐述的。这样,国家神道再认识论与主张对日本战后式国家体制进行再认识的"强加宪法论"[4] 制造出了完全相同的话语。不过,在从"强加宪法论"产生的、对于自立性宪法的要求之中,对于作为他者之强加的抑制规则的排除,即被作为第一要求,因此,作为来自第一要求的某种抵抗式的反动性也必然地被添加进来。此种要求是作为被"强加宪法论"所抑制之物的抵抗性复活的要求。这样,公然拥有一直被禁止的国家军事力量这种要求亦宛如自立国家之证明似的被提出。这里被遗忘的是:放弃战争也是无以类比的自立国家的证明。那么,当他们说"国家

---

③ 藤谷俊雄,《神道信仰与民众·天皇制》,法律文化社,1980 年。——原注
④ 即认为 1946 年公布的日本宪法为美国人所强加的言论。——译注

神道"概念由于占领政策而被强加的时候，说的是由于这种强加怎样的国家体制受到抑制？再认识论者期待通过排除这种抑制进行复活的是什么？国家神道再认识论者力图用近代史上的实像替换战后意义上的虚像，这是一种虚有其表的再认识。或者是为了将真正的再认识导引出来的、手续式的再认识。真正的再认识，在于重新认识那种被强加的"国家神道"所抑制的国家体制。

4. 从宪法原则的脱离

"本指令之目的在于将宗教从国家分离。"——《神道指令》明确表述了其目的。这里被极为严厉地责令分离的所谓宗教，是已经被追究其国家主义、军国主义罪责的神社神道。通过这种分离保证给予国民的是"完全的宗教自由"。因此《神道指令》说，"在神社神道被从国家分离、其军国主义乃至过激的国家主义要素被剥夺之后"，神社神道也被作为国民自由信奉的宗教之一得到认可。这是后来被作为政教分离原则得到认可、禁止宗教行为介入国家体制以及国家行为的最早规定。在这里，所谓政教分离是被作为宗教（神社神道）从国家的分离而规定下来。该政教分离原则在《日本国宪法》（1946 年 11 月公布）保证国民信教自由的第二十条第一款中被表述为"任何宗教团体都不可享受来自国家的特权或者行使政治上的权力"，进而作为同一条第三款的"国家及其机关不可进行宗教教育及其他任何宗教性活动"这一规定，而且作为第八十九条的禁止向宗教团体与组织举办的活动给予公共资金的使用与方便的条文而被明文化。从其形成过程来看，该宪法中的政教分离原则大概应当作为宗教从国家完全分离的原则来认识。禁止国家对于宗教的一切参与、使国家作为完全立足于世俗性原理的国家而形成——《日本国宪法》自动地对此进行了规定。这一将宗教从国家完全分离的宪法原则，与放弃作为解决国际纷争之手段的战争、禁止拥有以战争为目的的军事力量的宪法原则一起，乃赋予作为国家自我规定的《日本国宪法》以高度现代意义的原则。之所以这样说，是因为该宪法原则在本质层面上对现代国家中的战争与宗教祭祀进行了追问。

这样分析了《日本国宪法》中政教分离之原则的形成过程之后，该原则对于国家与宗教互相介入的禁止、对于国家之宗教性的抑制即一目了然。但是，在1956年参加联合国被承认、日本作为自立国家回归国际社会、半个世纪很快过去的现在，形势论式地重新认识国家体制之宪法原则的政治倾向显著起来。重新认识的不仅仅是第九条的原则，[1] 政教分离原则也正在被重新认识，即国家中战争与祭祀的原则被重新认识。

在司法领域将对该原则的再认识明确表达出来的，是众所周知的最高裁判所有关津地震祭事件的判决。[2] 构成该判决的多数意见主张：作为现实的国家制度，国家与宗教不可能实现完全分离，在政教分离原则作为现实的国家制度被具体化的情况下，国家适应现有的社会、文化条件，实际上不得不与宗教发生关联。只是从该政教分离原则与其希图保障的国民信教自由的关系出发，对于国家关

---

① 即《日本国宪法》第九条规定的不拥有军队、永远放弃战争原则。——译注
② 最高裁判所昭和五十二年（1977）七月十三日的大法庭判决。这是一场用多数意见推翻了裁定用神道形式举行地震祭违反宪法政教分离原则的二审判决的判决。大家重夫编《宗教关系判例集成》（2，政教分离·信教的自由），第一书房，1984年。——原注

涉宗教的行为必须设置界限。国家的关涉到宗教的行为是否超越了界限，是从其行为的目的与效果来判断的。

可以说，这种由多数意见构成的判决，是通过对宪法原则——规定了宗教从国家完全分离的政教分离的宪法原则——进行实用主义式的解释，使审判对象获得"现状追认"（追加承认既定事实）式逃逸的判决。"政教分离原则乃要求国家保持宗教性的中立，但并非完全不允许国家存在与宗教关联的情形。依照造成与宗教关联情形之行为的目的以及效果……"——这种陈述多数意见的言辞，绝妙地表明了使法律判断的原则性向机会主义判断的无原则性退却的思想态度。同时，该言辞也宣告：延续至战后日本国之现在的历史过程，就是借助机会主义式的无原则性从宪法原则持续脱离的过程。

从宪法原则——规定着国家的非宗教性的宪法原则——进行的一次脱离，毫不费力地打通了该原则长期抑制之物走向复活的道路。

5. "国民宗教"的复活

由最高裁判所的判决造成的、从政教分离原则的无原则脱离，的确使围绕"国教"（国家宗教）的讨论恢复了话语权——这种"国教"（国家宗教）被用"国民宗教""公民宗教""市民宗教"之类的名称来指称。最高裁判所判决中的少数意见所表明的担心——"一旦像多数意见那样解释政教分离原则，国家与宗教的结合有可能轻易地被允许"这种担心，确实已经变为现实。最高裁判所的判决就这样将宪法对国家的限制解除了。百地章基于比较法学视角的理解，持续进行了以政教分离原则为中心的、再认识论式的解释。他主张所谓国家与宗教的分离乃国家与教会（宗教团体）的分离，认为对作为国家统一性存在基础的宗教性事务的参与，对国家来说毋宁是必要的，并宣扬"国民宗教的复活"，说：

> 国家，作为共同体的国家，为了将不是作为 state（政府）而是作为 nation（民族）的国家这种组织统一、维持下去，某些宗教不是必要的吗？那不是被说成此种国民宗教之物吗？那样一来，具体地思考一下与前述世俗化完全相反的情形，就是说我国传统的宗教价值体系、价值观之类获得了复权。而且，为此，例如，在教育场所，有必要通过进行宗教情操教育深化对我国宗教传统的理解。用那种形式思考国民宗教复活的情形，是可以出现的。①

从规定着国家的非宗教性的宪法原则的脱离，导致有学者公然主张"国民宗教的复活"。百地章说并非因此而思考"国家神道的复活"，但是，主张不要将基于"我国传统的宗教价值体系、价值观"的"国民宗教"作为"国家神道"来思考，那在逻辑上是说不通的。如果将该"国家神道"一语看作苇津、阪本们恶意表达的近代史上的"国家

---

① 引自前引《日本的宗教与政治》所收百地章的讲演记录《战后日本的政教分离——现状与今后的课题》。另外，关于这段引文中的"世俗化"有这样的说明："就是说，在各种场合，宗教从前发挥的公的作用被否定，国家的非宗教化在进行，宗教甚至已经转移到私的领域。我想那大概就是国家的世俗化。"——原注

神道"①、不希望对其进行复活性的使用，那么不妨表述为"作为国家宗教的神社神道"。大原康男在对围绕国家与宗教的议论进行归纳的时候，这样说："可是，在另一方面，作为共同体的宗教当然也存在。如同阪本先生已经论述的，神社的公共性、国家性等，完全不是明治初年的虚构，这种公共性、国家性拥有那样久远的历史，其中存在着神社神道的特性。作为与其关联的概念，'市民宗教'（civil religion）由贝拉建立起来。"② 确实，在这里，大原难道不是结合阪本"古代以来与天皇密不可分、一直持续至今的神社的国家性与公共性"这一国家神道成立史的定义来阐述"市民宗教"的吗？"国民宗教"也好，"市民宗教"也罢，都是伴随着从宪法原则的无原则脱离而复权的国家神道（作为国家宗教的神社神道）将要呈现的新形态。

6. 从历史中被唤回之物

曾经与"国家神道曾为何物？"这一问题同时被苇津在日本近

---

① 由阪本们做出的关于作为近代史上之实像的国家神道的否定性评价——关于这种评价已经触及。但是他们对于国家神道的恶意措辞是异常的。例如，阪本像是吐脏话一样地说："简直是无精神、世俗合理主义、无力、无能——最后还有——虚伪的'国体观念'。满满当当地充斥了这种'国体观念'的神道是国家神道。"（前引《国家与宗教之间》第三部《近代皇室的祭祀仪式与国家神道》）这种异常的脏话毋宁说促使人们考虑这种异常的发言所包含的意义是什么。——原注

② 前引《日本的宗教与政治》所收学术讨论会上作为会议主持人的发言。——原注。译者说明：贝拉即 Robert Neely Bellah（1927—　），美国宗教社会学家。致力于探讨民主主义与宗教习俗达成社会性统合的可能性。其代表作之一《德川宗教：现代日本的文化渊源》中译本1998年由三联书店出版。

代史上追究的，是作为躯壳的国家神道的凄惨的形成过程。其追踪式的记述乃"破损性成立"之物的失败的确证。但是，回忆着"神道雄飞"的维新、用悔恨的感觉记述的历史性确凿证据，并非为了埋葬失败的国家神道。必须由历史上的凄惨实像来埋葬的，是加引号的"国家神道"这一虚像。苇津曾经说：该"国家神道"形象是被迫承担天皇制国家日本的国家主义·军国主义等一切罪责、在占领下的日本被树立起来之物。唯有该"国家神道"的虚构之像，才是必须被从历史中找出的实像所打碎的。不过，通过打碎该虚构之像而必须真正从历史中找回的是什么？那绝非"帝国政府之国家神道"这一实像。该实像不过仅仅是作为被置于那种虚像的对立面、暂且从历史中呼唤出来之物。追随苇津的神道史家们通过堆积历史性实证而进行的实像确认工作，也不能不是被与那虚像的对抗关系所制约的实像建构工作。那是拥有实像之名的对抗性形象的建构。真正必须从历史中被找回的，是在"神道雄飞"的维新初期光芒四射、不久作为近代国家的制度躯壳走向崩溃的神道国家的理念。是应当成为在大教宣布之际被称作"惟神之大道"的、新生的祭政一致国家日本之基轴的神道国家的理念。

　　苇津在结束"国家神道曾为何物？"这一究明实像的工作之际，再一次追问"所谓神道本为何物？"。他自问自答，说："所谓神道，不同于起源于某一天才教祖之教义的佛教、基督教等。它是在日本民族大众数千年的生活中自然成长式地被培育出来的民族固有精神之总称。那里包含着复杂、多样的精神。"他认为所谓"惟神之大道"即总括了那多种精神的概念。他进而指出，只有构成该"惟神之大道"的主流、并形成其本源之物，才是"在全国被供奉的神社"。

苇津的这一回答，表明了其"国家神道曾为何物？"这一面向历史的询问从历史中找寻出来的东西是什么。那就是应当成为在大教宣布之际被称作"惟神之大道"的、祭政一致国家日本之基轴的神道国家理念。苇津说他承担的工作止于过去的"国家神道曾为何物？"这一史论，而不涉及将来。但是，在对近代史上国家神道这一凄惨的实像进行的追踪结束之处，苇津最后从历史中找回的，是尽管在日本近代史开始之处光芒四射、但不久即黯淡下去的"惟神之大道"这一神道国家理念。那是面向未来而从过去唤出的理念。作为"民族固有精神之总称"的神道概念与"惟神之大道"这个神道式国教的理念，在抵抗"国家神道"这一虚像的同时，经过追寻弥漫着遗恨的近代神道挫折史的苇津之手，在昭和六十年代^① 这一现代史转换期被召唤回来。

7. 国家神道的此时

苇津唤回的国家神道理念，现在被他与近代神道人遗志的继承者们以"国民宗教"之名重新阐述。所谓国家神道的此时，就是在确认近代史中神道性国教理念遭受挫折的基础上，作为"国民宗教"的神道性国教的再生被神道家·神道史家们阐述的时刻。使对该神道性国教之再生的阐述成为可能的，是摘掉了规定着国家之非宗教性的宪法原则这一紧箍咒的最高裁判所的无原则的逃逸。这种逃逸使对于有关政教分离的国家体制的再认识成为理所当然。将

---

① 昭和六十年为1985年，昭和六十年代即为1985年至1989年前后的十余年间。——译注

"国家神道"作为被强加的虚构而埋葬——这种历史再认识的主张，与同时将政教分离的国家体制作为被强加的国家体制重新认识的主张相表里。因为，在他们看来，恰恰是那些强加"国家神道"这一虚像的人，同时也是对日本强加了政教分离国家体制的人。所谓国家神道的此时，就是在从历史中唤回神道国教之理念的同时，重新认识国家与宗教祭祀的关系并重新建立这种关系的时刻。从日本国宪法原则的状况主义式的、无原则的脱离，是在与以战争与宗教的宪法规定为中心的关系之中进行的，这具有重要含义。这表明现代国家中的战争与祭祀是不能分割开来思考的问题。进而，这也告诉我们那些神道人为何竭力将封存于国家主义·军国主义之中的"国家神道"影像作为虚像拆毁。

如果这样审视国家神道的现状，大概就必须追问：日本这一现代国家是怎样在其存在基础之中拥有战争与宗教祭祀这二者的同时而形成的？那是被神道人士所弱化的问题，即那种并非到历史中寻找神道实像的问题。甚至可以说，是指向他们并不追问、先验性地作为前提的现代国家自身的问题。而且，该问题作为指向战争与宗教祭祀这一现代国家存在基础的问题，大概也是与我们置身现代世界面对的问题相关联的、现代性的、普遍性的问题。那种追问也是对规定着国家的放弃战争与非宗教性的宪法原则所具有的意义进行再认识的操作。

本章最后，要结合本书中我所关心的问题、围绕"国家神道"的概念进行说明。我并非将此概念作为在近代史上拥有某种程度的实体性基础、即其形成能够在制度史年表上进行把握的那种实体性概念来思考。那是从我以现代国家日本存在的理想状态为中心的问题出发而提出的概念。我关心的问题在于现代国家是怎样通过拥有国家的祭祀性或国家自身的宗教性而形成的。现代国家在拥有能够作为国权行使而进行对外战争这种主权性的同时，也被要求拥有"成为以国民能够为国家进行战争为目的的国家"这种理念性。这是现代国家作为拥有自身神圣性的国家而成立的缘由。现代日本国家依据理念性——作为神圣天皇国家这一目的的理念性——而成立。同时现代国家是为了其自身而祭祀，为了国家权力自身的成立与永存而祭祀。这种国家的祭祀乃超出现代国家的政教分离原则的、国家自身所拥有的宗教性与祭祀性。直截了当地说，现代国家是作为能够进行对外战争、国民能够为国家而死的国家而成立的。而且，为国家而死的人是被国家作为保证国家永存的基础而祭祀的。现代日本国家通过神道性的祭祀而祭祀至今。这种国家的宗教性·祭祀性问题绝不是现代日本国家特有的问题，而是现代国家普遍存在的问题。

我关心的问题在于：日本作为现代国家，在将现代国家的祭祀性这一普遍性问题作为前提来把握的同时，是怎样建构其宗教性·祭祀性的？"国家神道"是适应这种我所关心的问题而提出的概念。日本作为现代国家的宗教性·祭祀性问题，就是我试图作为国家神道问题来思考的问题。

第二章
本源性咒缚的归来
——伊势神宫的现状

　　然而，在日本，吾等国民参拜伊势神宫被允许，众皆争先恐后前往参拜。但是，在支那，国民是不能接近皇家庙宇的。

——伊东忠太《神社建筑体现的日本精神》

1. 为何参拜伊势神宫？

　　今年（2003）元月，一条短小的新闻报道吸引了我的目光。初读时感到疑惑，随后不由得陷入沉思——伊势神宫对于政治家的咒缚[①]已经达到了如此程度？那篇报道是关于民主党党魁菅直人1月4日曾前往伊势神宫参拜的。报道只是对此事进行了简单记述，未加评论。身为掌握日本国家政权的首相对伊势神宫的参拜已经完全常态化。小泉首相也在1月6日由4位内阁官员陪同前往参拜，并对记者团说"置身寒冷与严峻之中，依然希望迎来稳定的一年"。确实，首相在年初举行的伊势神宫参拜未曾引起关于宪法问题的讨论，已经完全常态化。——促使我重新思考这一现状的，则是民主

---

① 日语汉字的"咒缚"一词意为"用咒语将其束缚""念咒将其镇住"之义，兼有名词和动词两种词性，与汉语"咒符"一词的词义有重叠处，但并不相同。故在此直接使用。——译注

党党魁菅直人好像是为了适应该现状而进行的参拜。菅党魁本应对小泉首相参拜靖国神社持批判立场，为何反而去参拜伊势神宫？是因为参拜伊势神宫未引起对外纠纷、被看作存在于国内问题的范围之内吗？或者那种参拜是菅直人为了证明自己作为民主党党魁具有掌握国家政权的资格？无论怎样，我们不得不注意到伊势神宫已经成为，或者说现在再次成为咒缚日本当权者（与希望当权者）的设施。①

> 毕竟，本大神宫——提起本大神宫即心存崇敬之情而惶恐不安——乃吾皇室先祖所在之帝国最高御宫。故朝廷以特别尊崇与之，设祭主之宫于此而祭之。凡国家大事、皇室吉兆，即如宣战、议和、即位、成婚，等等，必先告于本大神宫。此已成惯例。于今吾国国威扬于八纮、皇威逐年高昂之际，凡帝国之臣民，莫不景仰于天祖之鸿业大德。

这是大正二年（1913）刊行的《御神德记》②的开头部分对于皇大神宫③的记述。作为已经在日俄战争中获胜、吞并了韩国、在亚洲逐步确立起新兴帝国地位的日本，将伊势神宫定位于"帝国最高御宫"的相关记述即存在于此。所谓天皇在皇祖神灵前奏告的国

---

① 这里的"当权者"指执政党自民党党魁小泉纯一郎，"希望当权者"指在野党党魁菅直人。菅在参拜靖国神社的问题上质疑小泉，却和小泉一样参拜伊势神宫。这是本章议论的起点。——译注
② 《神宫官国币社·御神德记》，大日本敬神会编辑发行，1913年。——原注
③ 皇大神宫即伊势神宫的内宫，祭祀统领八百万神灵的天照大神，为日本神社的中心。——译注

家大事，被规定为"宣战、议和、即位、成婚"等。这里明确记载
了所谓逐步发扬国威于八纮的日本帝国的"国家大事"有哪些。作
为皇室之宗庙的伊势神宫，同时也是由天皇奏告战争开始与战争终
结等国家大事、由祈祷国家兴盛的帝国臣民一致拥戴的国家之大
祠。所谓皇室之宗庙同时亦为国家之大祠，大概是说伊势神宫完全
位于国家神道的中心位置，是构成国家神道自身的最高神灵设施。
如果现在伊势神宫作为当政者奏告国家大事的神灵设施依然存在，
那就意味着政治家们现在依然被具有国家神道性质的伊势神宫所
咒缚。

　　这种源自伊势神宫的国家神道式的咒缚话语，与伊势神宫现在
在制度层面上不具备国家性质的独立宗教法人团体这一事实并无关
联。可以说，正因为在制度层面上不得不成为独立宗教法人团体，
伊势神宫才竭力将此种咒缚话语扩大化地传达出来。[1] 面临平成五
年（1993）十月即将开始的、有史以来的第六十一次祭年迁宫，从
伊势发出的是如下信息：

　　　　这次是第六十一次祭年迁宫，日本民族在此回归根本

---

[1]　神宫相关人员在现行宪法之下，要求在制度层面上恢复伊势神宫作为单一宗
　　教法人的国家性质。他们将神宫在制度上的恢复作为"日本之国体与传统"
　　的恢复，在高度强化国体论言辞的同时提出了恢复的要求。"（从伊势神宫剥
　　夺国家民族性质、仅仅允许其作为私人的个人性信仰而继续存在，这种）占
　　领后的法律解释或制度等不能坐视，不能任其原封不动地存在，为了弘扬国
　　体精神，对于占领者无视日本的国体与传统而强加的法律解释或制度等，不
　　能像从前那样姑息，无论如何都有必要用相应的方式对日本的国体与传统进
　　行修正。"（幡挂正浩，《对于日本国来说"神宫"为何物？》，伊势神宫崇敬
　　会丛书 1，1995 年。）——原注

性自我的起源，面对真正的自我。借用禅宗的表达方式，即可谓具有大彻大悟于本来面目的意义。①

伊势发出的咒缚性话语，即置身当下阐述再生之本源的话语。

2. 天祖祭祀这一本源

"夫祭祀乃政教立足之所，尊祖敬神，达孝敬之义于天下，凡制度百章皆以此而立。天皇以天祖之替身世世传天业，群臣以神明之血脉代代辅天功。"——在对天皇举行的天祖祭祀进行制度性、历史性追溯的同时而建构祭政一体的国家话语的，是一般被区分为"后期"的水户学。②

后期水户学代表人物会泽安的《新论》，确实是被立志改革、活跃于幕府末年政治社会中的人士作为治理国家的"真经"而珍视的著作。会泽在回忆古代祭祀国家之创立的同时，将《新论》的"长计"这一立足于长期规划的国家方略大计作为水户学话语，进行了重新建构并展开叙述。③曰："昔者天祖以神道设教。明忠孝

① 引自前引幡挂正浩《对于日本国来说"神宫"为何物？》。——原注
② 在18世纪后期、文化初年，水户藩的修史事业发生了转换。藤田幽谷掌握《大日本史》的编纂主导权之后，编纂工作关注的核心问题转向制度史的记述。本书所引《志第一》的记述即为该关注重点的转换所构成。在这里形成的指向祭祀性国家的视角，构成了后期水户学代表者会泽正志斋《新论》中的国体论。引文是引自《译注〈大日本史〉（卷244·志第一）》六（紫山川崎三郎编，建国事业会出版）。——原注
③ 详细论述请参照本书第五章。此外，对《新论》的引用是根据岩波文库版（冢本胜义译注）。——原注。译者说明：会泽安（1782—1863），（转下页）

以立人纪。"《新论》是以"天祖"概念——作为祭政一致的国家体制（国体）之创造本源的"天祖"概念——作为无可取代的前提，展开了对于国家方略之大计的阐述。

　　位于近代日本国家神道中心位置的伊势神宫所奉祀的天照大神，作为与祭政一体的国家政事（＝祭事）之本源相关联的存在，已经成为水户学式的"天祖"。以伊势神宫为核心的现代国家神道话语，是将作为皇室祖先神的皇祖天照大神同时看作皇室起源的大神而进行解读的。通过这种解读，皇室宗庙同时也能够成为国家大祠。近代日本的伊势大神，是在"天皇以天祖之替身世世传天业"这一水户学话语中被作为"天祖"而重新建构出来的大神。大概应当说，近代以来以该大神为中心的伊势神宫话语，是水户学形成以来国家神道式地被重新建构的话语。这里所谓的国家神道式话语，就是近代日本在将国家起源与神道祭祀起源同一化的同时重新建构的国家祭祀话语。

　　《新论》首先树立起该本源式的大神"天祖"，继而像是延续此话题似的叙述借助太祖神武天皇之神威而建国的武功："天孙奉承遵祖训以弘皇化。太祖征战。每仗神威以建武功。"而且遵照《日本书纪》"神武纪"的记述，来叙述神武为天祖大神举行的最初祭祀："立灵畤于鸟见，报祭皇祖天神。以申大孝。"一般认为"神武纪"中所谓的"皇祖天神"指上天诸神，尤其指高皇产灵尊。[①] 但

（接上页）号正志斋，水户藩士，江户后期儒学家，提倡"尊王攘夷"，著《新论》，其学说给日本幕府末年的政治运动以巨大影响。详见本书第四、五两章的论述。

① 《〈日本书纪〉上·注》，日本古典文学大系 67，岩波书店出版。——原注

对于《新论》或者水户学来说，所谓"皇祖天神"显然就是皇祖天照大神。这样记述了神武天皇所举行的初次天祖祭祀的《新论》，进而依据《日本书纪》"崇神纪"中的伊势神宫起源故事，[①] 做了如下叙述：

> 崇神天皇即位之初。人或有背叛。时方袭上古风。祭天祖于殿内。天皇敬畏不自安。乃移而祭于笠缝。孝敬之意与天下同之。而天下皆知尊天祖以敬奉天朝。

《新论》阐述的是：通过在宫廷外的笠缝祭祀天祖天照大神这一天皇的祭祀行为，天下获得了统一。进而，《大日本史·志第二》根据"垂仁纪"的"故从大神之教、立其祠于伊势之国、且兴斋宫于五十铃川之上"（二十五年）以及"以兵器祭神祇、始兴于是时"（二十七年）等记载，叙述道："盖藉太祖神威以定天下，敬列圣诸神，尚武，以之为政教根本。而国体之尊严所在，实基于此。"就是说：朝廷所进行的统一天下的功业贯穿了敬神与尚武的精神，日本的国家体制就这样确立，国体之尊严能够获得亦是以此为基础。

现在，我在这里参照《新论》或者水户学的记述，追溯以天皇举行的天祖祭祀的开端为中心的话语，是为了阐明：即使是祭祀国

---

① "崇神纪"六年："百姓流离，或有背叛。其势难以德治之。是以晨兴夕惕，请罪于神。先是，天照大神、倭大国魂二神，并祭于天皇大殿之内，然畏其神势，共住不安，故以天照大神，托丰锹入姬命，祭于倭笠缝邑。"该伊势神宫的起源故事与"垂仁纪"中的内宫起源故事均不见于《古事记》。——原注

家的本源，所谓某种开端，也总是处于被重新建构的话语之上。叙述本源常常是叙述作为某种开端而被要求的本源。或者说，所谓本源，是作为为了给从那里开始的某种事物奠定基础之物而被要求、被叙述的。水户学在重新追溯《日本书纪》有关神祇祭祀之记述的同时，阐明了"海外诸蛮未绝""藉神祇而始"的神祇国家日本的独特性。[①] 这是因为水户学认识到，唯有借助祭祀确保始自人民的基础性统一的国家，才是身处外来危机中的日本最迫切的需求。

面对19世纪初叶之外来危机的水户学，是在回忆《日本书纪》的同时，将祭祀国家的本源作为国家的起点——应该存在于国家方略话语之中的国家的起点——进行重新建构的。新的祭祀国家，是从回想那种本源并在自我之中重构那种本源开始的。不过，水户学遵循此理对起始进行重新构建的《日本书纪》——唯有该《日本书纪》才是对起点进行重构式叙述的本源的原型故事。对本源的叙述掩藏了存在于自我之中的开端。

3. 神宫·天皇·日本

在伊势创设神宫一事，被依照前文所引《日本书纪》"垂仁纪二十五年"的记述来叙述。当今的神道史教科书《神宫史概说》也是按照《日本书纪》的记述展开叙述的。这里，让我们根据《神宫

① 《大日本史·志第一》的以"夫祭祀乃政教立足之所"开头的文章已经引用在第二章开头处，其下文是这样的："君视民如赤子，民视君如赤子。亿兆一心，万世不渝。各献其力，以致忠诚。海外诸蛮由是而绝，故以神为始。"——原注

史概说》来追溯天照大神被供奉于伊势神宫的过程。

即该过程被归纳为：垂仁天皇"使祭祀天照坐皇大御神者，由崇神天皇之皇女丰锹入姬命，变为垂仁天皇之皇女倭姬命。倭姬以为当于较倭地之笠缝邑更好之处祭祀之，遂供奉于东方菟田之筱幡。继而求较彼地更好之处，离大和，经近江、美浓，入伊势，于此地得天照坐皇大御神之神示，遂供奉于今之伊势"。[1]

以供奉于伊势为终点的这条迁宫巡幸路线，在延历二十三年（804）编成的《皇太神宫仪式帐》中有更详细的记述。不过，问题是，从大和经近江、美浓而至于伊势的迁宫巡幸过程究竟意味着什么？皇国史家田中卓将神代史的记述视为史实的反映，他根据对于最后供奉于伊势这一巡幸过程的记述推测说："并非单纯是为寻求大神的供奉之地而辗转，实际上，这显然是以'皇威之宣布'为目的的巡幸。"[2] 所功参照这位田中卓的著作对伊势神宫史进行记述，对田中所谓的"皇威之宣布"进行更为政治史式的详细解说，谓之

---

① 引自以神社本厅之名发行的《神宫史概说》（镰田纯一执笔，2003年）。此书为面向神职人员的教科书，因此未标明著者姓名。但在该书"后记"中，执笔者镰田纯一讲述了饶有趣味的事情。他说神宫史的记述有两种态度，一个是"注重实证性与客观性、将神话传承作为无史料性之物进行回避的态度"，另一个是"继承以神话传承为基础巩固其信仰的人们的心意并进行记述的态度"。他表明该书是采取后一种态度进行记述。他承认如果是立足于实证性、客观性，神宫史的记述将呈现为另一种情形。——原注。译者说明：这段文字中"丰锹入姬命""倭姬命"等词汇后面的"命"为对皇女的尊称。后同。

② 田中卓，《神宫的创设与发展》，神宫教养丛书5，神宫司厅教导部，1959年。——原注

"大和朝廷之势力扩大"。[1] 而且，他认为从巡幸的曲折过程亦能看出这种势力的扩大并非轻而易举。总而言之，这些理论家根据《日本书纪》"崇神纪""垂仁纪"的记载来描述伊势神宫的创设，他们所表达的是：伊势之地神宫的创设与大和朝廷所完成的、具有一定势力圈的国家形成是共时性的。那所谓的国家，大概就是由《日本书纪》中所谓"敦礼神祇"（崇神十二年）的崇神天皇和被认为是决定了"定神地·神户……以兵器祭神祇"（垂仁二十七年）的垂仁天皇所创造的神祇国家。

依照《日本书纪》对于伊势神宫之创设的记述，成为对于大和朝廷——将供奉天皇始祖天照大神的伊势神宫的祭祀视为至高无上的大和朝廷——和以那个朝廷的统治为依据的日本国之成立的讲述。最初制定了大和朝廷的神祇政策的崇神天皇被称作"开国天皇"——《日本书纪》上不是这样写着吗？天照大神·伊势神宫／天皇·朝廷——对于由此二者的结合而形成的神祇国家日本的叙述，即存在于此。

日本作为奉神宫祭祀为至高无上的神祇国家而创建，《日本书纪》在"崇神纪""垂仁纪"中对这种创建进行了记述。而这部《日本书纪》，是奉身为现神"天皇"与"日本"之父的天武天皇之命而编纂的。天武天皇乃《万叶集》中"大王乃神灵"所歌唱的那种被作为"神"来景仰的初代天皇。而且天武也是第一位被用"天皇"之号来称呼的天皇。所谓"天皇"，乃统治以日本为中心的天下的终极权威者之称谓，意味着那是作为太阳之子的神圣之王。熊谷公男将天皇的"天"解释为"天神，更具体地说意味着天照大神

---

[1]　所功，《伊势神宫》，讲谈社"学术文库"，1993 年。——原注

的子孙。即所谓明确显示其神性之由来的词"①。熊谷进而认为，在
天武朝与"天皇"的号同时被规定下来的"日本"这个号中，"日"
字指日神，即天照大神，所谓"日本"意味着日神子孙"日之子"
统治的国家。据说，在壬申之乱中获胜、被称作天皇、被作为神景
仰的天武，作为大海人皇子逃出吉野、在前往与大友皇子作战的
途中，在伊势的"迹太川边朝拜天照大神"（天武元年）。即天照
大神第一次受到不久将成为天皇者所遥拜。田村圆澄将大海人进
行的这次遥拜的意义，视为天照大神这一神格自身的原初性形成。
他说：

> 壬申之乱即将发生之际，大海人皇子从伊势的迹太川
> 岸边遥拜远方的"伊势大神"，此时通过"伊势大神"与
> "天照大神"相遇了。那位神连名字都没有，说起来是原初
> 的"天照大神"，但鼓励与苦难对抗的大海人皇子，使其自
> 觉于任务与责任之重大。无论怎样说，"天照大神"通过面
> 对苦难的大海人皇子的直观与自觉，主动显现出来。②

大海人皇子不久即作为天之子的神圣大王被称作天皇，通过
他，天照大神在伊势大神这里被发现。该"原天照大神"是"天
皇之祖神"，同时成为天皇掌握律令国家统治权之根源的"国家之

---

① 熊谷公男，《从大王到天皇》，日本历史 3，讲谈社，2001 年。围绕最初的
  "天皇"的成立，本书提供了很多重要启示。此外，从远山美都男的《天皇
  诞生——〈日本书纪〉所描绘的王朝交替》中也得到了重要启示。——原注
② 田村圆澄，《伊势神宫之形成》，吉川弘文馆，1996 年。——原注

神"，这是通过始自天武天皇而被持统天皇所继承的律令国家的构筑。通过始自飞鸟净御原令的律令体制的建立，伊势神宫及其祭祀作为国家的制度而确立，所祭之神天照大神成为国家之神。"伊势神宫"与"天皇"与"日本"，作为由日神给予了权威与正统性之物，三者相互结合，成立于此。

该成立过程与日本国的正史《日本书纪》的编撰过程相重叠。天皇国家的新的起点对于有关国家及其诸神之本源的叙述提出要求。"崇神纪""垂仁纪"中围绕伊势神宫及其祭祀起源的故事，表明天照大神作为国家之神确实是在编纂那些本源故事之际形成的。本节开头处所引《神宫史概说》的著者之所以预先说明是"以神话传承为基础"来记述伊势神宫的创建史，[①] 是因为著者知道：唯有在信仰者的心中本源之传说的故事性才能够被接受。

4. 固有美的再发现

"最近，德国建筑家布鲁诺·塔乌特参拜伊势大神宫的神殿，被其纯朴简明而且崇高庄严的风格所吸引，说'这并不仅仅是日本建筑的灵魂，实际上是世界建筑的灵魂'。因此，世人心中再次产生'确实如此'的共感，激动不已。"——在《日本建筑之美》[②]一书的"序章"中进行这种记述的是建筑学家伊东忠太。对塔乌特

---

① 见《神宫史概说》的执笔者镰田纯一所作"后记"。该"后记"中的相关表述见于本章第 26 页注①。——原注

② 伊东忠太，《日本建筑之美——以神社寺院建筑为中心》，筑地书店，1944年。——原注

的赞美之辞发生"确实如此"这种共感的人当中，也应当包括伊东本人。伊东在该书中强调神社建筑中日本的传统性与特殊性，说：神社乃"仅限于日本的、特殊的宗教性存在与宗教性建筑，并非能够适合外国的任何宗教或任何宗教性建筑。……其建筑的样式、手法、材料、构造，等等，乃产生自日本的国土与国民之特殊性之物。不言而喻，此乃日本独自之创造"。但是，对于神社建筑的此种看法，并非伊东本来就有。相反，伊东甚至曾经说过"试图将日本的神社建筑作为未曾受到古代建筑即佛教建筑之影响的日本固有之物，是蠢不可及的"①之类的话。五十岚太郎指出，伊东的对于神社建筑认识的改变是由大正四年（1915）伊东参与兴建明治神宫造成的。②1933 年来到日本的布鲁诺·塔乌特有关"日本美"再发现的言论，对于伊东来说，大概更增强了他对自己认识的改变所怀有的信心。

从伊势神宫重新发现了"日本美"的这位布鲁诺·塔乌特，同时也是重新发现桂离宫的人。那么，他是怎样重新发现桂离宫的呢？在此，我将塔乌特重新发现的桂离宫的理想状态与其表述重新发现的言辞结合起来认识。问题在于重新发现的言辞。

桂离宫，不仅是从施工来看，即使是从其精神来看，也是最为日本式的建筑，因此也是承继了伊势神宫之传统

---

① 关于包括该发言在内的伊东的对于神社建筑看法的改变，是受教于五十岚太郎的《近代诸神与建筑——从靖国神社到盐湖城》（广济堂，2002 年）。此外，伊东的该发言出自《神社建筑的形式有一定之规吗？》（《神社协会杂志》创刊号，1902 年）。——原注
② 见前引五十岚太郎《近代诸神与建筑》。——原注

的建筑。该国最为高贵的、国民性的圣地伊势神宫的造型，来源于尚未受到中国影响的遥远的古代，构造、材料以及施工，简朴明洁到了极致。一切皆清纯，因此达到了美的极限。①

从这种对于桂离宫再发现的叙述来看，塔乌特是在通过桂离宫对伊势神宫进行重新理解。从伊势神宫发现的"日本美"或者"日本式建筑"，通过桂离宫被重新确认、重新发现。确实，所谓"日本美"或者"日本式建筑"，是某建筑被作为"日本式"的再发现。这样，在再发现者的内部，"日本式"之物的表象必须作为文化史的原初类型，即作为原型已经存在着。伊势神宫对于塔乌特来说，确实就是"日本式"之物的原初表象。塔乌特说："原始日本的文化在伊势神宫达到极致。"那么，在他这里，就伊势神宫而言，被确认为"日本式"之物的是什么？所谓"日本式"之物，就是日本的本源意义上的固有性。那种固有性，是通过将"中国式"之物作为他者，或者将他从日光的将军式建筑中看到的"后世性"、过度"装饰"之物作为建筑上的他者而发现的。②那种固有性被用如下语言来表达：

　　在日本，以木材和草苫屋顶为材料，极致的造型被创

① 布鲁诺·塔乌特，《日本美的再发现》，筱田英雄译，岩波书店，1939年。但这里引用的是该书的改订增补版（1962）。——原注
② 日光为地名。该地位于栃木县。这里所谓的"将军式建筑"指大量使用雕刻与金箔的东照宫。东照宫是祭祀德川幕府开创者德川家康而建的神社。——译注

造出来。……在伊势神宫，一切材料均保持原状且富于艺术性，没有什么地方是特意追求技巧。整洁的原木净洁之极。……纯真的形式，清新的材料，达于简素之极致的明朗开阔的构造，——唯有这些才是伊势神宫展示给日本人、也是展示给我们的。

这种以"中国式"之物或者"后世性"之物作为他者展开叙述"日本式"的话语，在结构方面类似于国学者们或者日本文化论者们的话语。① 但是，我读到塔乌特根据伊势神宫描述"日本式"之物的这种言辞感到惊讶——因为这种言辞与国学者们或者阿罗罗木系歌人② 之万叶主义式言辞过于相似。类似于国学者贺茂真渊的言辞，以及延续了真渊的万叶主义系谱的近代歌人岛木赤彦或斋藤茂吉等人的言辞。被用"纯真、清新、简素、明朗开阔"这种词汇来形容的，不是被这些人形象化的万叶人的心性吗？那曾是被文明的华美污染之前的、所谓日本民族的原初心性。塔乌特从伊势神宫所发现的也是那种原初性。

　　塔乌特说："的确，伊势神宫是绝对的'日本式'之物。即

---

① 这里且列举使伊势神宫与"中国式"之物构成对立的典型的日本文化论话语。"伊势神宫曾经是在中国文明的压倒性影响之下，在根据律令制建设了古代文化的时期面对滔滔涌入的外来文明主张日本的独自性，即所谓象征着面对中国文明的挑战日本之回应的建筑物。"（川添登《神域与迁宫》。收入上田正昭所编《伊势之大神》，筑摩书房，1988 年。）——原注

② 《阿罗罗木》是明治四十一年（1908）由正冈子规（1867—1902）的门人创办的短歌杂志。阿罗罗木的日语读音为アララギ（araragi）。アララギ本是日语汉字"兰"的读音，将"兰"写成"阿罗罗木"可能是基于某种美学形式的追求，或者包含着文字游戏的意味。——译注

使是在日本，任何地方也都不存在与之相比更为‘日本式’之物。……这里的一切都是真正的建筑，而非出自工学技师之手的建造物。"这与国学者或日本精神论者以及日本文化论者的话语相似，要言之，就是与法西斯主义时期日本的民族主义文化论话语相似。——不，与其说是相似莫如说就是那种话语本身！塔乌特的此种发言作为欧洲知识人的发言，给了那种以伊势神宫为中心，将其作为原初日本、真正日本的主张以最具权威性的保证书。①

塔乌特从欧洲视角出发就"日本美"所进行的保证人式的发言，与其说表明了塔乌特本人是对于"日本美"拥有特别感受性的人，不如说应看作显示了 20 世纪 30 年代思想性话语的特质。而后者更重要。塔乌特重新发现"日本美"的话语之中，被认为包含着与 20 世纪 30 年代德国海德格尔、厄恩斯特·扬格等人的——所谓保守革命式的——话语的共通之物。② 那种话语性的特质，由民族主义、反现代文明的自然以及要求回归素朴这种社会习俗所构成。这是在 20 世纪 30 年代之后法西斯主义时期的世界中被共同发现之物。从伊势神宫发现中国文明被导入之前的民族的原初建筑美，将其作为真正的建筑美虚伪地、对应性地树立起来——这种"日本美"再发现的话语是具有现代第二次世界大战前夜之思想特质的话语。在本章开头处引用的那本书中，伊东忠太结合塔乌特的发言这样说：

---

① 塔乌特所给予的"日本美"的保证书不仅规定着日本的建筑学者、建筑史家评价神宫的方向，即使是到了现在，依然是以伊势为中心的神宫论意识形态的基础。请看前引所功的《伊势神宫》。所功的神宫论因塔乌特、汤因比等人而获得了"保证书"。——原注

② 塔乌特是被纳粹推重的知识人，与他和保守革命的知识人共有 20 世纪 30 年代德国的思想氛围，是另外的问题。——原注

塔乌特最近做过这样的阐述。虽然这也不是什么新鲜的说法。说是"最为简单的事物之中，存在着最美之物"……归根结底说的是这座牌坊，是说这座大神宫的建筑，其单纯之中存在着美。我想说，这种存在于单纯之中的美，即日本精神之美。①

5. 天皇制国家的宗庙

围绕伊势神宫的话语是作为再度归来的本源的话语而存在的。神宫在此时此地所拥有的"开始"，需要本源故事来支撑，以将被重新建构的神宫的本源性叙述出来。围绕神宫的这种话语建构的理想状态，与围绕国家的话语建构的理想状态具有同质性。正因为如此，日本这个国家的正史《日本书纪》在记述律令国家之形成的同时也记述了伊势神宫的本源故事。

布鲁诺·塔乌特从伊势神宫发现的"日本美"，也是 20 世纪 30 年代被重新发现的"日本美"。不过，那种"日本美"是被置于伊势神宫的原初性之中来阐述的。在伊势神宫的原初性之中展开的话语，遮蔽了某些事实。这些事实就是：阐明"日本美"的语言是 20 世纪 30 年代的语言，是那一时期立志保守革命的人们的共通之物。

这种日本精神论式的，或者日本文化论式的伊势神宫话语，是由塔乌特给了"保证书"的，并且似乎是共鸣于塔乌特的赞美而建

---

① 伊东忠太，《神社建筑体现的日本精神》，日本文化小辑·第九，日本文化协会，1935 年。——原注

构的。不过，这种话语是从伴随着明治维新、作为天皇制国家的宗庙迈开新步伐的伊势神宫中产生的，而不是从固有的伊势神宫中产生的。明治时期，与现代的国家·日本同步，现代神社·伊势也重新起步。这个新国家需要新的神宫，同时也需要对于来自本源的民族·文化的同一性话语进行重新建构。就像那个神话被创作出来一样——作为曾经是律令制天皇制国家的日本与伊势这二者的起点，是使神·天皇·日本三者的本源相结合的神话。

明治二年（1869）三月，明治天皇在迁都东京之前参拜了伊势神宫。《神宫史概说》用"御直拜"一语记述的由天皇本人进行的直接参拜，将这次参拜视为第一次。这次由天皇本人进行的最初的神宫参拜促使我们重新思考：就与天皇的关系而言，所谓神宫，在此之前为何物？在此之后为何物？伴随着这次明治天皇的"御直拜"，伊势神宫有了新的开始，已经并非从前的神宫了。我在前面引用过的神道史教科书《神宫史概说》详细记述了明治二年这次天皇直接参拜的礼仪、过程等，尽管如此，关于天皇的直接参拜在神宫史上所具有的意义却未曾被谈及。"那年（明治二年）三月，明治天皇即将迁都东京。离开桓武天皇以来未曾离开的京都，前往东京，将离伊势更远，因此东迁之前行幸至伊势。"——这种记述展示的是十分平淡的向明治新政转变的一幕，反而遮蔽了天皇直接参拜所包含的"历史事件"性质。

关于明治天皇直接参拜之前的相关情况，《神宫史概说》叙述道："第二年（1869）正月，顺应前一年发布了所谓'神佛判然令'的时势，神社境内的百座寺院废弃了。"就是说，围绕神宫·神社的政治环境、思想环境的巨大变化在发生——这甚至可以称为革命性剧变。"神社境内的百座寺院废弃了。"——这当然能够使我们轻松地想象出神宫所处的环境及其由此被规定的性质。明治四年的太政官布告宣布："神社之仪为国家最大之祭祀，不应为一人一家私有"，神宫与各神社的级别、神官职员的人员规则等由国家规定。前述变化与此种完全是国家神道的体制变化相关联。即，神宫·神社首先必须被神道式地纯化。而且，在经过神道式纯化的神社中，神宫·神社被给与了作为"国家之重大祭祀"的位置。"国家之重大祭祀"，意味着神社是作为国家之重要构成契机的祭祀体系。这并非律令国家中的神祇体制的复古性变革。引导着此种变革的，是获得作为国家意识形态这种自觉、被重新建构的神道，或者是作为意识形态的神道主义。始于明治维新的神宫·神社的变革，是由这种神道主义国家意识形态引导的第一次变革。这种神道主义国家意识形态，以天皇为最高祭祀者、以祭政一致的国家理念为最高体现者而展开。明治三年正月，明治天皇在神宫宫殿对"天神地祇·八神·列皇之神灵"进行祭祀，同时将应当布"惟神之大道"于天下的主张作为《大教宣布诏敕》而颁发。

在这里，被作为始于明治维新时期的神宫·神社的变化受到整体考察，是在近代神道史上被界定为"神道国教化政策期"的时期发生的变化。现在的神道家们非难该时期之后明治政府的方针转变，为神道国教主义遭遇的挫折而叹息，①但是，谈论那挫折的人对于这一时期发生的以神宫·神社为中心的本质性改变视而不见。本来，立足于传统主义的神道家们，即使在明治维新中看到了复古性变革，

---

① 《近代神社神道史》（增补改订版，神社新报社，1986年）指出：看一看明治五年设置教部省之后的神社政策，"神道国教主义被政府的方针迅速抛弃的痕迹历历在目"。——原注

也没有看到其中的创新性变革。但是，他们借以立身的神道主义意识形态本身不正是伴随着维新而产生的吗？将伊势神宫作为皇室之宗庙、国家之大祠，使其作为天皇制国家的宗庙立于"国家之重大祭祀"的神社这种最高位置，即作为国家意识形态的神道，难道不是现代日本在制造天皇制国家的同时制造出来的吗？"毕竟，本大神宫——提起本大神宫即心存崇敬之情而惶恐不安——乃吾皇室先祖所在之帝国最高御宫。故朝廷以特别之尊崇与之，设祭主之宫于此而祭之。凡国家之大事、皇室之吉兆，即如宣战、议和、即位、成婚，等等，必先告于本大神宫。此已成定例。于今吾国国威扬于八纮、皇威逐年高昂之际，凡帝国之臣民，莫不景仰于天祖之鸿业大德。"——在《御神德记》中被用此种言辞抒发景仰之情的伊势神宫，与排列在这段引文中的华丽词语，均为帝国日本之创造物。

6. 内宫参道 ① 的景观

伊势神宫与人的交流，始自脚踩在铺满圆石子的参道上发出的声音。从走过架在五十铃川上的桥、来到参道上的时刻开始，不知不觉中，人们的耳朵被自己脚踩石子的声音吸引，忘记了语言。……人们常常倾听五十铃川的溪水声，将手浸入那清澈的溪水，重新回到参道之后，从这一带开始杉木茂盛，遮天蔽日，树龄数百年以上的大树覆盖在头顶，人们的思绪再次被引入那种难以用词语表达的原始、深邃的世界。在从木叶的缝隙间射入的阳光中，似

---

① 日本神社、寺院境内用于参拜的道路谓之"参道"。——译注

伊势神宫·内宫

伊势的皇大神宫（内宫）与参拜者之间隔着四道墙和古树，藏而不露，并且禁止拍照。从相邻的式年迁宫的旧殿前面的石阶下方，仅仅能够遥望正殿房脊上的金色交叉长木。

乎有什么东西开始被感觉到。①

　　此文像是描写置身远古自然、走过参道的人们的心性一样，描写了内宫参拜者的心性。这篇文章是记述现代的伊势神宫的类型化文章之一。"现代的"——与其使用这种暧昧的表达，也许应当说是建筑家塔乌特从伊势神宫重新发现了本源的"日本美"的那个时代之后的。确实，上面的文章是现代建筑评论家川添登最近——很近的最近——所写。说它是"类型化"的，是因为从 20 世纪 30 年代的神宫指南中看到的文章与川添的文章几乎没有区别。

　　"从一座牌坊下走过，能看到五十铃川的清澈流水。道路从那里开始向左延伸，左右两边千年的老柏古桧森然冲天，苍古幽邃之趣与崇高之情因之而生。"——进行这种描写的是出版于昭和八年（1933）的铁路旅行指南。② 不过，川添的文章使人感受到浪漫派的文学性，这大概是由于他将参道的自然作为与该自然同化的参拜者的心性来描写。无论怎样说，将参道幽深的自然与崇高的神宫融为一体的记述，枯燥地反复引用了相传为西行之作的和歌"未知何

① 前引川添《神域与迁宫》。——原注
② 引自铁道部编纂的《神灵参拜》，博文馆，1933 年。如同"例言"中"本书是关于神宫以及官国币社以上的神社的记述之书"所言，此书为明确地从国家神道的立场编辑的全国神社指南。甚至旅行指南都被国家神道教化的视角所统治——对于了解这一点本书是重要资料。其"概说"给神社下定义，这样说："关于神社的意义有各种说法，'神社乃祭祀帝国神、举行公共祭典、供公众参拜之物，与神殿并列具备境内用地之所'的解释是通用的说法。"这样，《神灵参拜》给伊势神宫和明治神宫以特别待遇，将其置于最前面记述，并用"沿着东海道线"的基本线索对全国的官国币社，进而对桦太、台湾、朝鲜的官国币社进行了介绍。——原注

物存于此，诚惶诚恐涕泪流"。

不过，存在于该描写之中的内宫参道的自然景象，是如同被用"苍古幽邃之趣"的言辞来形容的那种神宫神域固有的、古来的"趣"吗？如果看看江户时代的地图，就能知道，当时经过架在五十铃川上的宇治桥、达于内宫正殿的参道的风景与现在完全不同。在图中，过了宇治桥之后，依然有民房栉比鳞次，构成了门前町。西垣晴次说：万治元年（1658）的火灾发生之前，"到现在的神乐殿、斋馆一带为止，建有民房，这一带当时被称作宇治的上馆町、中馆町、下馆町。"① 西垣指出，虽然在江户时代的万治、天保年间民房被拆除，但是扩展成现在的神宫区域是经过明治二十年民房的最后拆除。如果是这样的话，那么川添对渡过宇治桥、步行于内宫参道者心性——通过神域的苍古自然感受神的那种心性——的描写，则是基于近代神宫所制造出来的神域景观。确实，近代的伊势神宫作为本源的再生而存在，神域的景观也是作为太古的再生而存在。不过，所谓再生于明治之现在的本源，乃现在的起始所要求的本源，该本源仅仅是将现在的起始作为自己的再生而提示出来。现在的起始被本源的再生所遮蔽。神宫中的本源再生仪式是祭年迁宫。现在，围绕迁宫被讲述的，就是本源再生的话语，即复活于现在的本源的话语。

7. 祭年迁宫与"神宫式之物"

被用"祭年迁宫"之名指称的、二十年一次的神宫大殿重建，作为沿袭古来样式的大殿再生式重建，是体现神宫意识形态的最为

---

① 西垣晴次，《参拜伊势》，岩波新书，1983 年。——原注

伊势神宫·外宫

伊势的丰受大神宫（外宫）与参拜者之间也隔着四道墙，并且禁止拍照。
祭年迁宫使伊势神宫的这种隐蔽的结构每隔二十年获得一次再生。在黑暗
中进行的迁宫所掩蔽的是本源的再生这一仪式。

重要的神宫仪式。——所谓"神宫意识形态"，即通过被重复的本源的再生来叙述始于太古的连续性。现在叙述伊势神宫的言辞之所以几乎都是叙述祭年迁宫的言辞，是因为唯有迁宫才体现为"神宫式之物"。所谓"神宫式之物"，在相关的叙述语言中乃"天皇式之物""日本式之物""皇国式之物"的同义语。川添已经叙述了通过内宫参道的自然来感受神灵这种心性，他在文章的结尾处又说："呈现出日本最古老的建筑样式的伊势神宫，借助于二十年一次的迁宫而总是获得新生。日本也是古老而且不停地追求新生的国家。"

伊势神宫的祭年重建，被认为是使用新的、但是相同的材料使古来的神宫建筑样式获得重生，通过这种方式使神宫的同一性在形态上得到延续与维持。建筑史学家福山敏男战前任职于内务省的造神宫使厅，是指导尝试复原已知的各种古代样式的伊势神宫建筑配置的核心人物。他在昭和十五年[1]以《皇太神宫仪式帐》等为线索，撰写了《关于神宫建筑的历史调查》一书。按照福山在该书中的考证，渡边宽对历史上围绕神宫建筑配置的诸种形态进行了如下概括："如果从该仪式帐的世界出发对今天的伊势神宫的诸种形态进行重新认识，那么，在战国时代，大约百年间的迁宫中止前后，该神宫的建筑物也有若干有违仪式帐规范的时期，但从那以后直至近世，渐渐地复原了古代的神宫，回到了原来的形状。"[2]

将建筑配置包括在内、从形态上来看神宫的时候，可知所谓迁宫重建绝不是维持其形态同一性的重建。近代以降，才作为向古代

---

[1]　昭和十五年即 1940 年。——译注

[2]　渡边宽，《神宫之建筑物》，收入《神宫的祭年迁宫》（皇学馆大学每月文化讲座），皇学馆大学出版部，1986 年。——原注

形状的复原而被逐渐重建——渡边这样概括。即迁宫重建被视为向古代形状复原的过程。但是，关于迁宫重建的这种看法，应当是在福山们有关神宫固有形状进行调查的时期即昭和前期形成的。在那之前，迁宫重建是被作为一边维持形态同一性、一边在那个时代进行新的修建的行为来理解的。那不同于向古代形状复原这种想法。

现在围绕迁宫重建起决定作用的是渡边所说的那种复原性重建的想法。迁宫重建是一边探究神宫的古型（原来的形状），一边不停地向古型复原的重建。在这里，提供古型这一原型样式的主要构成依据的是《皇太神宫仪式帐》。该"仪式帐"为延历二十三年（804）宫司大中臣真继等人向神祇官提交的呈报书。神宫的始源的古型是根据这份9世纪初叶的记录被复原性地想定的。将神宫的本源的古型这一原型构筑起来的，是近代的复原愿望。本源之古型这一原型并不存在。那是复原愿望制造出来的固有形状。所以矶崎新认为迁宫重建中所进行的是"朝向纯粹形状的再设计"。他这样说：

> 所以，在每隔二十年的重建中形态的同一性被充分保持这种说法实际上并不正确。应当注意的大概是：在不停地制作具有同一性的复制品的同时，混杂于其中的不明要素被排除，朝向纯粹形状的再设计时常在进行之中。因此，所谓纯粹形状未必就是古代形状本身。尽管如此，由于恢复古代形状的主张总是被提出，造型设计也被重新进行。[1]

---

[1] 矶崎新，《建筑中的日本式之物》，新潮社，2003年。从矶崎新的这本书与《始源之摹仿——日本样式化》（鹿岛出版会，1996年）中，不仅是建筑史方面，关于将伊势神宫作为现代思想问题来思考这一视角，也得到（转下页）

作为被当作最"神宫式之物"来追求的纯粹形式的古型，在复原愿望形成的昭和前期的话语之中，同时也是"日本式之物""天皇式之物""皇国式之物"。作为"神宫式之物"不断苏生的祭年迁宫，因此成为"日本式之物"的再生之场。在制度层面上是独立宗教法人的伊势神宫，依然咒缚着日本的政权所有者们，这大概是基于神宫拥有上演"日本式之物"不停再生这种国家认同感再生剧的特权。正因为如此，平成五年（1993）迎来第 61 次祭年迁宫之际，伊势神宫发出的信息对此进行了展示——所谓伊势神宫乃"日本民族在此回归根本性自我的起源、面对真正自我"的场所。

（接上页）了重要启发。——原注

第三章
沉默的鬼神与生者的饶舌
——靖国神社的现状

> 长长的、噩梦一样庞大的队伍，被所有的人遗忘，消失在暗
> 夜中。

——田边利宏《泥泞》

1.臭气与噪声

被祭祀在靖国神社中的神灵们并非安静地沉睡在九段坂的斜坡上。[①]怀旧的民族主义酿成的臭气，腐朽神道式政治人物围在死者周围喋喋不休的噪声——靖国神社处在这二者的包围之中。

靖国神社中设有名叫"游就馆"的博物馆。那里出售的《图录》[②]说明道："游就馆乃搜集、展览始于明治维新时期所祭之神的遗物、战争纪念品、历史资料、古今武器种类的博物馆。"《图录》的"内容简介"还介绍说："在经过了神社自身的初创之年明治二年至十三年之后的明治十五年二月，〔游就馆〕作为最早的并且是最古老的博物馆"正式设立。另外，铁道部编纂的名为《神

---

① 九段为地名，靖国神社所在地，位于东京都千代田区。——译注
② 《靖国神社游就馆图录》，靖国神社，2003年。收录了小堀桂一郎的"内容简介"。——原注

灵参拜》^①的图书在昭和八年（1933）刊行，内容是介绍全国的神社。书中附有从"国家祭祀之创造"开始写起的概论。这是一本完全从国家神道立场出发而编纂的官方神社指南，其中"靖国神社"的部分关于游就馆有如下说明："该馆是为告慰靖国神社所祭之神的英灵、为崇奉神德、作为兼有绘马堂性质的场所而建，用以陈列所祭之神的遗物。陈列品中有史前至近代的武器约一万件，按时代不同分别陈列，由此可知武器在我国的沿革。"^②如该说明文所言，游就馆在战前是作为武器博物馆存在的。我曾在太平洋战争开战前后的少年时代来此处参观，留在记忆中的也是作为武器博物馆的游就馆。就是在这里，我第一次看到了不同时代的刀剑、盔甲之类的实物。

德国慕尼黑市内美丽的旧王宫庭院的东侧有过军事博物馆。使用"有过"这种过去式，是因为在我第一次滞留慕尼黑的70年代初，那座建筑物还原封不动地保留着废墟这种战灾遗迹的形式。在已经将城市中心区域按照战前的形状进行复兴的慕尼黑市，仅有该博物馆异样地宛如广岛的原爆圆顶楼^③那样以废墟的形式残存下来。废墟建筑物的顶部有个圆形天井，和原爆圆顶楼一样。是该博物馆如何重建、如何再利用的方案尚未确定呢？抑或仅仅是重建的施工被推迟了？——我对此均不了解。知道这座废墟被整理得干

---

① 《神灵参拜》，铁道部编纂，博文馆发行，1933年。——原注
② 绘马是日本特有的用于许愿、还愿的小木牌，多绘有马图，故称。祈愿者把自己的愿望写在绘马上，然后将绘马悬挂在神社里的架子上或房间中。——译注
③ 原爆圆顶楼为广岛原子弹袭击遗址的标志性建筑，保留着遭受原子弹袭击后的原状。位于广岛市和平纪念公园内。——译注

位于东京千代田区九段坂的靖国神社

干净净、改建为大量使用玻璃的现代风格的建筑物，是在进入90年代之后。现在，在作为拜恩州政府办公设施的该建筑物一层的长廊里，我看到了慕尼黑战后半世纪的回顾展。记得我是一边将美军占领下的慕尼黑的情形拿来与日本比较，一边饶有兴味地观看。看到那个曾为军事博物馆的地方现在的情形的时候，我想到的问题是："游就馆怎样了呢？"我想，武器博物馆大概没有理由原封不动地存在。到了最近，经常听说游就馆成了传播特别信息的令人恐惧的战争博物馆。我想用自己的眼睛进行确认，便在今年（2003）这个夏天前往那里。第一次是和朋友们一起，第二次是独自一人。我知道，围绕靖国神社的臭气与噪声确实在从那里升腾开去。

2. 选择死者并赋予意义

游就馆在平成十四年①七月完成旧馆维修和新馆建设，以新的面貌向公众开放。靖国神社宫司②汤泽贞在《图录》前面的"致辞"中指出这新开张的游就馆负有两个使命。即，"新修建的游就馆有两大表里一体的使命和重点。一为'表彰英灵'，二为'表明近代史的真实'。"这里所谓的两个使命与靖国神社存在的理由相关联——那理由就是：在从现代日本国家的形成期至日本战败的过程中，因作为国家主权行使的战争而死去并且被作为"公的牺牲者"认定的死者们，靖国神社为祭祀这些死者而存在。

---

① 平成十四年即2002年。——译注
② 宫司为神社里职位最高的神官。掌管祭祀、祈祷等事务。——译注

被称作英灵的死者们并非全部的战争牺牲者。所谓靖国神社诸神，即该社所祭之神的死者，乃从为王政复古的大业而献身的志士到包括被作为 A 级战犯处死或者服刑中病死的 14 人在内的太平洋战争的 240 多万死者。作为"各战役、事变分别合并祭祀之神"，游就馆标明了所祭各战役、事变的神位数量。[①] 其战役、事变所指如下。即：明治维新，西南战争，日清战争，台湾征讨，北清事变，日俄战争，第一次世界大战，济南事变，满洲事变，支那事变，大东亚战争。[②] 这里列举的战役、事变名称包含着重要意义。这名称呈现出一定的历史——不，毋宁说是基于一定的历史解释制造出来的。如果正视这一连串的战役、事变名称，那么，"在靖国神社里，为国家献出生命的人们的英灵被一位一位地铭刻着姓名，受到深情地祭祀"[③] 这种叙述，就不具有任何人都能够接受的不言自明性。一目了然的是，这种叙述是基于一定历史的解释。

对于从明治维新至西南战争的内乱中的死者们的一部分，或者是内乱的某一方，给予其作为"为了国家"的死者之荣誉的是何人？并且是基于怎样的解释？为了将死于并非国家主权行使的战争，而是死于"事变"这种军事行动的众多牺牲者们——例如，支

---

① 根据"各战役、事变分别合并祭祀之神位"，从明治维新的 7751 尊到大东亚战争的 2133823 尊，共有 2466427 尊。——原注

② 在日本固有的历史叙述中，中国的义和团事变被称作"北清事变"，九一八事变被称作"满洲事变"，济南惨案被称作"济南事变"，七七事变被称作"支那事变"，1941 年 12 月 8 日开始的对美战争被称作"大东亚战争"。那些所谓的"事变"之称，掩盖了侵略行为的战争本质。——译注

③ 武田秀章，《靖国神社与日本人的生死观》，收入大原康男所编《解开"给靖国神社的咒缚"》，小学馆文库，2003 年。——原注

那事变中包括家兄在内的 191238 位牺牲者 [①]——说成"为了国家献出生命"的英灵，必须进行可以称之为自我中心式的历史解释。而为了一边将发起、推进战争行动的 A 级战犯作为"为了国家"的英灵祭祀，一边将在那场战争灾祸中完全是无辜死亡的无数后方平民的死作为毫无意义的死，又必须进行怎样的历史解释？仅仅是鼓吹反远东军事审判的历史观，上述必要性大概完全不可能得到满足。[②]

为了将死者甄别为英灵、作为神灵来祭祀，无论如何，历史解释与历史观是必要的。如同靖国神社宫司将新开张的游就馆的两大使命表达为"表彰英灵"和"表明近代史的真实"一样。在这里，所谓历史，就是赋予作为英灵的死者以意义。将死者作为英灵赋予其意义是生者的特权。那是怎样的生者的特权呢？

3. 英灵与历史解释

这里有一段关于靖国神社所祭之神的记述。那是大日本敬神会

[①] 这个数字是根据上面的"各战役、事变分别合并祭祀之神位"。昭和十八年在杭州伤病而死的长兄被列入"支那事变"的死者名单。即使是在对美战争开始之后，也没有将在中国大陆进行的战争看作战争。——原注

[②] 关于战犯的共同祭祀，法律手续意义上的正当化正在进行。随着国会恩给法、遗属援助法等的修正，厚生省与都府道县与之配合制作了"英灵名册"，这被认为"经官民一体的共同工作被合祭"（大原康男，《A 级战犯"合祭"的真实与"分祭论"的虚构》，收入《思考靖国神社》，日本政策研究中心，1999 年）。这种手续论式的正当化言论从反面表明这是一种用历史解释实在无法正当化的事实。——原注

发行的书籍《御神德记》^①大正二年（1913）初版本中的一段。其
对于靖国神社所祭之神是这样记述的：

> 　　所祭之神为嘉永六年以后的殉国社三十六次合祭总数
> 的十一万七千八百余尊，上为以辅佐王政复古之大业、献
> 出生命、打倒七百年来不可一世之幕府的高风亮节之忠魂
> 为首的效命于佐贺之役、西南之役和其他国事之英灵。继
> 之为在明治二十七八年的日清之役、三十三年的北清事件、
> 三十八年的日俄大战役中从军者，炮声裂天充耳不闻，弹
> 雨飞溅心静如水。不畏铁丝网，水雷亦无惧。未杀尽仇敌
> 决不生还。唯君命重于泰山，一己之身轻如鸿毛。勇猛前
> 进，将日本民族之忠勇义烈光大于全世界，完成震天动地
> 之大功业，此种大精神、大气魄，即生为国家之干城，死
> 为护国之神灵。呜呼！承此神灵之保佑，帝国之地位日日
> 向上，成为世界之一等国家，称雄于东洋之天地，主动充
> 当世界和平之保护者。此等伟大功勋当万代相传，不朽不
> 灭，现将诸神合祭之年月记述如下。^②

---

① 封面有"神宫官国币社·御神德记"的字样。大日本敬神会（代表为河田汀
　浦）编辑兼发行、大正二年三月初版的铅字排版、日式装订的书籍。遵从最
　初将皇大神宫·丰受大神宫称作官币大社·中社·小社的国家神道序列，最
　后将靖国神社等作为特殊官币社列举出来、记述其所祭之神的神德。——原
　注。译者说明：官币指在祈年祭、月祭、新尝祭等特殊祭祀时期由神宫送给
　特定神社的币帛。能够领取官币的神社叫做官币社。官币社之中又分大社、
　中社、小社、特殊官币社，等等，主要是皇室尊崇的神社或祭祀天皇、皇亲、
　功臣的神社。明治之后官币由宫内省供给，该制度在第二次世界大战后被废止。
② 这段文字中的嘉永六年即 1853 年。所谓"王政复古之大业"即推（转下页）

　　这段对于靖国神社所祭之神的记述，列举了从明治二年六月第一次建社祭祀的 3585 尊到明治四十三年五月第 36 次合并祭祀的 141 尊为止的 36 次合并祭祀的年月与所祭之神的数量。明治八年和明治九年各一尊，明治三十八年合并祭祀的神灵为 30886 尊。这里之所以执着地大段引用表彰所祭之神伟大功勋的大时代风格的文章，是因为"表彰英灵"的历史记述或多或少、难以避免地呈现了此篇文章的应有形态。只要"表彰英灵"是赋予作为帝国日本之基础的死者以意义，那么，就只有今日帝国之荣光才被作为他们的伟大功勋而得到彰显。表彰战争牺牲者的记述，成为对于帝国延续至今的历史记述——该帝国拥有用那些人的牺牲换取了自己的荣光。新开张的游就馆亦如此，只要试图以"表彰英灵"为目的来记述近现代历史，其记述就难免落入此种模式。

　　新开张的游就馆亦记述皇国之荣光。因此，第一次将皇国之荣光炫耀给世界的日俄战争与战争的胜利，被配以军舰进行曲展示出来。进了日俄战争展览室，会不由得有一种进了扒金库店的错觉，心生疑惑。① 日俄战争展览室，乃新开张的游就馆的整体象征。这确实让人切身感觉到，在这里，所谓"表彰英灵"，是活着的相关

　　（接上页）翻幕府统治、天皇夺回政权、推行明治维新的事业。佐贺之役指 1874 年佐贺县（九州岛西北部）士族发动的反政府叛乱。西南之役即西南战争，明治十年（1877）西乡隆盛（1827—1877）在九州岛南部发动。这是士族对明治政府发动的最后一次、也是最大的一次叛乱。西乡对于倒幕运动曾有重大贡献，本为明治维新功臣。——译注

① 这里将陈列室比喻成扒金库店是一种讽刺性的表达。扒金库店是一种日本常见的赌博性游戏店，随着一台台赌博机的转动，音乐声响个不停。——译注

公布在游就馆里的各战役、事变合并祭祀之神的数字 ①

各战役、事变合并祭祀之神

明治维新 ………………………	7751 尊
西南战争 ………………………	6971 尊
日清战争 ………………………	13619 尊
台湾征讨 ………………………	1130 尊
北清事变 ………………………	1256 尊
日俄战争 ………………………	88429 尊
第一次世界大战 ……………………	4850 尊
济南事变 ………………………	185 尊
满洲事变 ………………………	17175 尊
支那事变 ………………………	191238 尊
大东亚战争 …………………	2133823 尊
合计 …………………………	2466427 尊

统计数字截止至平成十四年十月十七日

人士用知性与感觉制造出来的——那是一种亵渎死者的大时代式的知性与感觉。但是，在战败后经过了半个世纪、存在于 21 世纪的新开张的游就馆，必须将帝国的挫折与战后日本再生、复兴的历史过程相结合。在这里，帝国之荣光的历史记述，必须是将帝国无法

---

① 　该表中的日清战争即中国所说的甲午战争，济南事变即济南惨案。参阅本章第 49 页注②。——译注

回避的挫折穿插进去的记述，因此成为从一开始就被宿命式地置于与欧美列强对抗位置的帝国的荣光与挫折的记述。确实，在新开张的游就馆中，始于明治维新的展览，是被置于"逼近亚细亚的欧美列强"这一明治维新的国际性背景之上的。

展览的这个开头使我们能够预知这里所进行的历史叙述的整体情形。那是帝国日本面对欧美帝国主义各国的抵抗性自立、对抗式强国化的历史，是在被迫进行的自卫战争中遭受挫折的历史。靖国神社宫司所谓"近代史的真实"，表达的就是这种历史记述。那么，这种"近代史的真实"果真能够成其为"彰显英灵"的根据吗？这是在何种意义上赋予死者以这样的意义？

新开张的游就馆的历史记述尽管努力赋予死者作为"英灵"的意义，但并没有能够赋予。从这种记述中能够看到的，仅仅是主张历史再认识论的那些突然变脸的生者们无耻的自我主张。

4. 超越了被赋予之意义的死者们

昭和十六年（1941），即所谓的"大东亚战争"开战之年，"ABCD包围圈"这种太平洋的帝国主义式国际环境论也传到了当时尚在少年时代的我的耳中。这种国际环境论，将日本所谓"迫不得已"的开战正当化。新开张的游就馆将昭和十六年那一年的开战理由原封不动地在展览板上展示出来——制作了年表《ABCD包围圈的形成》，进而列举了罗斯福的挑衅动机，曰："罗斯福在美国国民的反战意愿中决心参加对德战争，一步一步地推动对英国和中国的军事援助，现在留给他的路只有一条，就是对资源贫乏的日本实行禁运、迫使日本开战。"而且，日本为了自卫被迫进行的战争，

游就馆

进入游就馆的参观者，迎面就能看到活跃在中国战场上的舰载零式战斗机和在冲绳战死的炮兵队的重炮。游就馆中为了"英灵"们而进行的这种"我们的战争史"的展览，最终展示的仅仅是超过两百万的徒然的牺牲者。

反而将亚细亚各民族从殖民地统治中解放出来。——游就馆是这样进行展览和记述的。

这就是作为战后式话语的大东亚战争肯定论。但是，应当称作大东亚战争史观的此种记述，即使能够从胜利者的定罪性历史记述中将帝国日本拯救出来，也不能抹消帝国日本的挫折本身。与此种无法否定的帝国的挫折相伴随的，是堆积如山的死者。靖国神社里公布了"支那事变"的191238尊、大东亚战争的2133823尊两组所祭之神的数字——当然，这是战前由陆海军省、战后由复员省以及厚生省选择、甄别、认定的死者，即"公共性地"统计出来的死者。但是，在这些神灵们的背后，不被作为帝国的军事性死亡认可的无数战争牺牲者，作为没有被统计的死者，或者作为无法统计的死者，存在于漠视与无视之中。对于这被统计出来的两百多万死者们——更不用说那些未被统计、无法统计的死者，那种历史记述并不能赋予其意义。就是说，新开张的游就馆为"表彰英灵"而进行的历史记述，不得不伴随帝国的挫折而遭到挫折。事实上，新开张的游就馆中以明治维新为起点的展览，最后仅仅是将堆积如山的数千位所祭之神的遗照满满当当地粘贴在若干堵墙壁上展览出来。在戴着眼镜、头戴战斗帽的士兵的遗像面前，我突然停下了脚步：啊，这不是我的哥哥吗？

大片密密麻麻的遗像之中，死者们仅仅是沉默着。那似乎是为了使人们意识到：一切赋予他们以意义的饶舌式话语皆为徒然。

5. 鬼神的住所

"鬼神居住于何处？"——我在《鬼神论》中曾经一边这样询

问，一边回答说：鬼神的住所，排在第一位的无疑是人类用于表达的语言，另一个住所则是人类建造的建筑物。^①如果从祭祀祖先之灵的神庙或者护国鬼神们长眠的靖国神社等来思考，那么，立刻就能够理解鬼神是以人类的建筑物为住所这种表述。但是，所谓鬼神以人类的语言为住所意味着什么？

所谓"鬼"指"人鬼"——人死后变成的鬼，意即死者、死者的魂灵。另一方面，所谓"神"则指天神。因此，按照一般的解释，所谓"鬼神"，是将天神、地祇、人鬼合而言之。在儒家话语中，"鬼神"一般意味着作为祭祀对象而存在的神灵。如果仅就祖先祭祀的传统而言，那么鬼神即祖先之灵。在《论语》中，作为"问事鬼神"所问的，即祖先之灵及其侍奉方法的问题。因此，孔子回答这一问题时所言"未能事人、焉能事鬼"一语中所谓的"人"与"鬼"，说的是尚在人间的亲人与已入鬼籍的祖先们。怎样理解孔子的这一回答暂且不论，重要的是，《论语》的这种回答，意味着对逝者的祭祀及祭祀的意义第一次被置于儒家话语之中来追问。从那之后，鬼神（先祖之灵）在与祖先祭祀之意义的联系中不断地被儒家们追问、阐述。祖先之灵永远存在，有时候降临祭祀场所，或者祖先之灵与子孙们通过怎样的祭祀完成一体化，等等。

如果读一读编辑在《朱子语类》卷三中的朱子与众门生进行的大量问答，就可以知道，对于鬼神的讨论是儒家话语的重要主题，所谓鬼神确实存在于其话语之中。如果说有鬼神，那么鬼神存在于

---

① 参照笔者所著新版《鬼神论》（白泽社，2002 年）的序言"鬼神居住于何处？"，关于对儒家鬼神论的理解亦请参照该书。——原注

儒家话语之中，如果说没有鬼神，那就意味着鬼神在儒家话语中已经失去了主题性的存在位置。换言之，鬼神以儒家的语言为住所。鬼神无言。谈论鬼神的是儒家们。鬼神是以儒家的话语为住所，而且在其话语之中转化衍生。鬼神们成为先祖之灵，成为祖考，[①] 或者成为天祖，而且也成为护国之鬼神。

这里，让我们看看日本的儒家三宅尚斋谈论鬼神（祖先）的言辞。三宅尚斋是山崎闇斋学统的朱子学者，他根据祖先之灵降临祭祀场所、与子孙一体化的"祖灵到来说"，使用朱子学式的用语对祖考与自我的精神连续性做了如下说明：

> 祖考已死，然年月虽逝，祖先之理并非随之而灭。若以祖先之理求诸天地，则天祖必复归。植根于理而生，循理以聚，即如是。天地，祖考，自我，合一无间，成同一之精神。吾之精神归依祖考灵位之时，天地之精神亦聚于此。祖考、天地之精神复生，与吾之精神共依存于灵位。灵位有灵，吾之精神凝聚之处，若祖考徜徉于此，即复生于天地精神之中。[②]

三宅尚斋阐述的是：所谓祖先祭祀，即通过祭祀行为，使天地、祖考以及自我作为相同的精神一体化。——所谓精神并非如同

---

① 日语汉字词汇的"祖考"主要有两个意思：一是已经亡故的祖父，或已经亡故的祖父和父亲；二是远祖。译者根据上下文，有时候直接写成"祖考"，有时候译为"祖先"或"先祖"。——译注
② 三宅尚斋，《祭祀卜筮详说》。围绕三宅尚斋的鬼神说，望读者参照前面提及的《鬼神论》第六章《鬼神与理》。——原注

理念之物。所谓精神毋宁说乃灵魂。三宅尚斋是说：祖考之灵魂降临于祭坛之牌位，在牌位上与被祭奠的自己的精神合而为一。在这里，阐述祖先祭祀的鬼神论式的话语将祖先与自己的精神连续性阐发出来。作为传达给自己、与天地一体化的悠久精神的来源，"祖考"的概念在儒家话语之中被建构出来。

这里，以儒家话语为居所的鬼神作为祖考的概念而转化衍生。该祖考曾经是与自己相关联的精神的出处。所谓祭祀祖考之处，即成为实现该精神连续性的神圣场所。如果该祖考成了皇国之祖，那么可以说会泽安在《新论》中阐述的国家祭祀论已经存在于那里。在会泽们的水户学中，儒家鬼神论在包含着对于国家统合的强烈期待的同时，带着被天祖进一步极端化的祖考概念，作为国家祭祀论而展开。关于作为这一危机之政治神学的水户学所表达出来的国家祭祀论，我将从下一章开始论述。① 这里仅引用《新论》中围绕圣人制定祖考祭祀之礼的由来而展开的论述：

> 故明祀礼以治幽明。使死者有所凭以安其神。生者知死有所归而不惑其志。

危机性政治神学阐述的是臣民们——通过寻找到死的场所和生的场所而获得安心的臣民们——以国家为指向的定于一尊的心的统合。所谓对祭祀的国家进行叙述的话语，也是给予臣民以死之场所的话语。祭祀的国家与被祭祀的护国鬼神们一起，就是在这种政治神学式的话语之中被制造出来的。

---

① 参阅本书第四、五两章。——原注

6. 沉默的鬼神

"生为国家之干城，死为护国之神灵。呜呼！承此神灵之保佑，帝国之地位日日向上，成为世界一等国家。"——《御神德记》这样赞美护国之鬼神，是在大正二年（1913）。确实，唯有能够自称"世界一等国家"的帝国，才能够将在战场上毁灭的千万死者们作为护国之鬼神来叙说。该帝国的挫折，也是将战场上的死者们作为护国之鬼神而叙述的人们及其话语的挫折。但是，在那帝国的挫折已经过去半个世纪的现在，靖国神社再一次充满了谈论护国之鬼神的嘈杂之声。那是由何人发出的、怎样的声音呢？

从新开张的游就馆的展览中，我看到"英灵表彰"是与"究明近代史的真相"这一重新认识历史的主张同时进行的。同时我也看到，此种重新认识历史的主张，在太平洋战争的两百多万这一公认的军事死亡者数字面前，进而在军事死亡的背后不被承认的无数尚未被统计出来的死者面前，无可避免地成为徒然的言辞。我还看到，此种悍然赋予死者以意义的言辞，只能是正襟危坐的生者们制造的维持帝国之延续的傲慢主张。而且，我看到，唯有沉默的鬼神与那数千张遗像一起存在着。

我们肩负着无数无法赋予其意义的、战争制造的冤魂。那是落在经历了战争的20世纪、现在依然活在人世的我们肩上的宿命。所谓靖国神社，与千鸟之渊的战死者墓苑一起，而且，与广岛以及冲绳的战争牺牲者的纪念碑一起，应当是作为生存者之一员的我们平静地正视此种宿命的场所。毋宁说，试图将靖国神社特权化的言辞与行动，仅仅是玷污死者的生者们制造出来的噪声与臭气。

战死者墓苑

九段坂附近的千鸟之渊建有战死者墓苑。即安葬前次大战中在海外战死的军人、军属、普通人士之遗骨的"无名战死者之墓"。靖国之"英灵"们散落在战场上的遗骨，失去了固有姓名作为无名战死者安眠于此。

第四章
"天祖"概念的重构
——《新论》与危机政治神学（其一）

> 昔者天祖以神道设教。明忠孝以立人纪。
>
> ——会泽正志斋《新论》

> 天皇以天祖之遗脉世世传天业，众神以神明之胄裔代代奏天功。君视民如赤子，民视君如父母。亿兆一心，万世不渝。
>
> ——《大日本史·志第一》

1. "天祖"这一汉语词汇

明治二十三年（1890）第一届帝国议会召开之际，全国神职行业的同道们希望设置神祇官，向议会提交了陈情书。陈情书说："实际上，吾国作为天祖授予皇孙之物，圣子臣孙，代代相承，迄今有两千五百五十一年之兴隆，天壤无穷，天皇即天祖之遗脉，我四千万臣民皆为皇裔臣孙。"[1] 这里展示出来的，是通过汇聚于天照

---

[1] 神官同道《神官设置陈情书》（明治二十四年一月），收入《宗教与国家》（日本近代思想大系 5），安丸良夫、宫地正人编，岩波书店，1988 年。——原注。译者说明："遗脉"在日文原文中写作"遗体"，但并非一般意义的遗体，而是天皇作为"现人神"将天祖体现出来，或者与天祖合一。即天皇为天祖之"遗体"，故译为"遗脉"。原文为汉文者则保留"遗体"的写法。

大神的敬神崇祖心性、用无与伦比的形式构筑的、作为神祇国家之联合体的日本这一模式性话语。——这位天照大神在天上为统治中心之神，同时也是皇统之始祖的天祖。

从该设置神祇官陈情书看到的神祇国家日本的话语，无论是在理念层面还是在话语层面，都是以明治三年（1870）一月大教宣布的敕诏为原型的。[①]该敕诏将天祖作为祭政一致的国家理念的基础，曰："朕谨思之，天神天祖，立极垂统，列皇相承，继之述之。祭政一致，亿兆同心，上明治教，下美风俗。"阐述说"百度维新"式的国家新生之际理应"明治教，以宣扬惟神之大道"。

天照大神在这里被称为"天祖"，在被视为皇统之始祖的同时亦被视为神祇国家日本的本源性中心。将天照大神称为"天祖"，这在明治初年之后与神祇相关的公文中多有所见。此类公文中多有"天祖指明伊势神宫与丰受宫之名分""天祖视吾之神敕为政务之本源"[②]之类的表述。应当注意的是，"天祖"这一称谓这样被使用在汉文体式的文章中。不言而喻，大教宣布的诏书是汉文，到1945年发布《终战诏书》为止，天皇的诏书也一直是使用汉文或者汉文体。对此有必要重新给予关注。

天皇诏书这种事关经国大计与国家主权行使的最高权威话语，是采用汉文乃至汉文体书写的。这意味着什么？这意味着：在日本

---

① 大教宣布的敕诏是在明治三年一月三日举行于神官神殿的国家祭典与开始宣教之际与镇祭诏书同时下达。这是一部表明了天皇是神国家的祭主，同时也是教主的敕诏。——原注

② 均见前引《宗教与国家》收录的公文。前者引自《元田直伊势神宫改革意见书》（明治二年三月），后者引自《就伊势神宫迁座询教部省》（明治六年一月）。——原注

政治社会中汉文式的表记语言是统治性的话语，与此同时，该汉文体的诏书是作为汉帝国经国大计话语的所谓翻译性转换而存在的。——难道不是这样？这也正是我试图在此以"天祖"一词为中心进行思考的问题。

在这种汉文文脉中，"天祖"一词的形成意味着什么？它使怎样的话语成为可能？确实，一般情况下"天祖"一词仅仅是作为"皇祖"的别称，例如，在"伊势神宫祭奉着皇祖（亦称天祖）天照皇大神，即作为皇室之先祖，即作为建国之元首，或吾国民之大祖而存在"[1] 等叙述中使用。但是，我在这里所关注的并非仅仅是作为皇祖别称的"天祖"，而是汉文文脉中"天"与"祖考"结合而成的、作为日式汉语词的"天祖"。

"天祖"与"天子""天主""天神""天女"等一样，同为汉字词。不过，"天祖"并非那种能够在中国古代典籍中找到用例的汉语词。诸桥辙次的《汉日大辞典》将"天祖"解释为"天照大神，皇祖"，其例句引自会泽正志斋的《新论》。那是从会泽正志斋在《新论》中围绕大尝祭进行论述的部分引用的一段："夫以天祖之遗体。而膺天祖之事。肃然亲然。见当初仪容于今日。则君臣观感。洋洋乎如在天祖之左右。"[2] 这里，用以指称天照大神的"天祖"一词，是在使人联想起《书经》《礼记》等中国古代儒家经典中的文脉中使用的，使人想起这个文脉中存在的祖考观、祖灵以及鬼神祭

---

① 小野清秀，《国家总动员》，国风会发行，1937 年。——原注
② 《新论》"国体上"，收入《水户学》（今井、濑谷、尾藤编，日本思想大系53），岩波书店，1973 年。不过，《汉日大辞典》作为例文引用的与此不同。另，本书对《新论》的引用也参照了岩波文库版，冢本胜义译注。——原注

祀等。以《新论》为开端的所谓后期水户学中的"天祖"概念，是在将儒家式的"天"与"祖考"观念附会于皇祖天照大神的过程中形成的日本式汉语概念。所谓该"天祖"乃日本式汉语，意味着它是通过中国式之物的日本式翻译乃至转换而形成之物。所谓"天祖"，即通过对中国式"天"的观念与"祖考"观念的翻译性转换而构成的日本式汉语。那么，在幕末至明治初期的日本政治领域，该日本式汉语"天祖"观念的形成使怎样的话语成为可能？

不言而喻，我知道，就像下一节将要论及的，"天祖"一词作为"天之御祖"在《日本书纪》中已经出现。但是，现在必须追问的是：面临现代国家日本的形成，该"天祖"（"天之御祖"）作为使新的经国大计话语成为可能的汉语词"天祖"，是怎样被重新建构的？

2. "天祖"概念的重新建构

最早使用"天祖"一词的例子可以从《日本书纪》中找到。该书"神武即位前记"中的"昔，吾天神高皇产灵尊、大日孁尊，将此丰苇原瑞穗国，授予吾天祖彦火琼琼杵尊"[①] 这句话，是将"天神"与"天祖"分开来使用，在天界诸神之中凸显、强调天皇的祖神，将其作为天祖。[②] 在这里，琼琼杵被视为天皇的祖先神。有关

---

① 这里的"高皇产灵""大日孁""彦火琼琼杵"等均为天神、天祖之名。名后的"尊"和常用于战死者之名后面的"命"一样，读"みこと"(mikoto)，为对神或贵人的尊称。下文的"正哉吾胜胜速日天忍穗耳"亦为神名。——译注

② 会泽在《新论》中就"天神"与"天祖"的区别做了这样的说明："古者专称则曰天祖。该群神则亦曰天神。"不言而喻，此处被专称为"天祖"的是天照大神。——原注

"天祖"一词的这种用法在《古语拾遗》中同样存在。那里也是将琼琼杵视为天祖，不仅如此，正哉吾胜胜速日天忍穂耳尊也被作为天祖。此外，《古语拾遗》"天祖天照大神·高皇产灵尊"一语还将天照大神·高皇产灵视为天祖。这些古代典籍中的"天祖"并未被作为对天照大神的称谓而固定下来。水户学派的《大日本史》曰："天祖大日霎尊，治高天原，以之为天照大神。……天祖既命群神，平定下土。即降天孙于苇原中国，且以之为主，等等。"[1]——如同这里所言，"天祖"一词是与作为关涉到从天界到地界的绝对统治的原·政治性话语的《神敕》[2]同时，作为称呼天照大神这唯一的神的用语而被制造出来的。这天照大神是天上的主宰神，同时也是人间统治者天皇之始祖。

"天祖天照大神"这一天祖概念，是在由近世水户藩的儒家知识集团所进行的《大日本史》这一天皇国家正统历史式的历史记述工作过程中产生的。而且，这一"天祖"概念在由藤田幽谷重新建构的所谓水户学[3]中，是作为核心概念被重构的。就是说，"天

---

[1]　《大日本史》卷一，本纪第一《神武天皇》，《译注〈大日本史〉》一，紫山川崎三郎编译，建国纪念事业协会，1938年。——原注

[2]　即所谓《天壤无穷之神敕》。"丰苇原瑞穗国，此当为吾子孙为王之地。精心而治。宝祚隆昌，天壤无穷。"《大日本史》中有关"天祖"的记述随后就引用了该"神敕"。——原注

[3]　尾藤正英认为《大日本史》的编纂工作以宽政年间为中心完成了巨大的思想转变，说推进了该转变的是藤田幽谷，而且他认为新水户学的基础经过幽谷得到了加强。尾藤说："如果说幽谷的《正名论》构成了水户学的出发点乃至原型，那么会泽正志斋的《新论》和藤田东湖的《弘道馆记述义》二书即展示了所谓水户学的完成形态。"(《水户学的特质》，前引日本思想大系《〈水户学〉解说》)这是他的把握。——原注

祖"是使"水户学"这一新的天下经纶式意识形态话语成为可能的概念。

在也被称作"天保学"的新水户学的形成过程中,关于倡导"先王之道"的荻生徂徕的古典学术所发生的影响已经被论及。[①]无疑可以推断,关于该"天祖"概念,徂徕学也决定着其重构的方向——徂徕学是阐发将"祖考"与"天"合并祭祀的古代祭祀。[②]讨论在徂徕学的影响下形成的水户学的祭祀国家,是下一节的课题,这里的课题是要考察:该儒家式"天祖"概念借助会泽的《新论》使怎样的天下经纶话语成为可能?

> 天祖在天。照临下土。天孙尽诚敬于下。以报天祖。祭政维一。所治之天职。所代之天工。无一非所以事天祖者。秩山陵。崇祀典。其所以尽诚敬者。礼制大备。而其报本尊祖之义。至大尝而极矣。(国体上)

---

① 关于由水户藩的学者所进行的徂徕学的引入与徂徕学对水户学的影响,尾藤正英早在《水户学的特质》(前引日本思想大系《〈水户学〉解说》)中就有详细解说。而且,尾藤依据徂徕学给予水户学的影响撰写了《作为国家主义最初原型的徂徕》(《〈荻生徂徕〉解说》,日本的名著16,中央公论社,1983年)。而且,桥川义二也曾论及被看作后期水户学特质的国体论是以徂徕学作为媒介而形成的(《水户学的源流与形成》,《〈藤田东湖〉解说》,日本的名著29,中央公论社,1984年)。关于水户学或者《新论》中徂徕学影响的周边问题,下一节会涉及。——原注

② 徂徕在《弁名》中说:"先王之道,本诸天。奉天道以行之,祀其祖考,合诸天。道之所由出也。""况五帝之德,侔于天侔,祀以合之,与天无别。"(《天命帝鬼神》章,《荻生徂徕》,日本思想大系36,岩波书店,1973年)——原注

在这里，"天祖"概念首先依照"事天"的逻辑展开。这里阐述的就是：天子（统一天下者）的政治活动行为（政事）是遵从天命、代替天而进行的，不外乎奉天行事的"事天"行为。这里是以"天"这一在古代中国具有政治性的概念为前提，阐明由天子代替天采取的统治行为的正当性。不过，该"天祖"概念作为将"祖考"与"天"组合的概念，具有这样的含义——"事天"的天子的统治行为（政事）同时也是作为侍奉祖考（天祖）的祭祀行为（祭事）。即，"祭政一致"这种古代国家的神祇性政治理念，现在被借助"天祖"概念重新阐释。或者相反，也可以说是通过对"祭政一致"这种古代国家中神祇性政治理念的重新阐释，"天祖"概念此时被重新建构。所谓"祭政一致"，是一种具有政治群体和祭祀群体二重性的群体所提出的主张。关于水户学中"祭政一致"的政治理念作为古代理念的再生被重新阐释所具有的意义，将在下一节论述。那么，《新论》中导致了"天祖"概念重构的这一神祇性政治理念的重生性新展开，是为了应对怎样的事态而提出的要求呢？

3. 外来危机与水户学

会泽正志斋（1782—1863）完成《新论》的撰写被认为是在文政八年（1825）三月。在此前一年的五月，水户藩的领地大津浜曾发生12名英国人登陆的事件，事件给水户藩以巨大冲击。在那之前，宽政四年（1792）俄国使节拉库斯曼访问根室① 曾经给幕府各

---

① "根室"为地名，位于北海道东端。——译注

藩带来危机意识，并在会泽师事的藤田幽谷那里唤起了对北方问题的强烈关心与攘夷意识。会泽通过幽谷强化了对外意识，且曾在大津浜事件中充当笔谈者直接参与事件处理过程。在会泽这里，通过该事件被强化的外来危机意识成为其撰写《新论》的动机——这种看法是正确的。

会泽《新论》的序言是用大力彰显神国日本的言辞开始的。曰："谨按。神州者太阳之所出。元气之所始。天日之嗣。世御宸极。终古不易。固大地之元首。而万国之纲纪也。诚宜照临宇内。皇化所暨。无有远迩矣。"继而表明了危机意识——面对已经征服各大洋的欧洲舰船以觊觎日本的形式出现这一局面所怀有的危机意识，曰："而今西荒蛮夷。以胫足之贱。奔走四海。蹂躏诸国。眇视跛履。敢欲凌驾上国。何其骄也。"

在这里，我们能够清楚地看到《新论》的或曰水户学自身的思想主题。《新论》是为了应对外来危机而提出全力重构自我的要求。"神州者太阳之所出。元气之所始。"——这种美化自我、真正的水户学式修辞，也是对水户学那种思想主题自身的表达。这种思想愿望就是：一边将对外的危机感同时作为对内的危机感来感受，一边竭力将日本这一自我自身作为nation（国家）进行重新建构。《新论》的课题被由此进行了如下划分：

> 臣是以慷慨悲愤。不能自已。敢陈国家所宜恃者。一曰国体。以论神圣以忠孝建国。而遂及其尚武重民命之说。二曰形势。以论四海万国之大势。三曰虏情。以论戎狄觊觎之情实。四曰守御。以论富国强兵之要务。五曰长计。以论化民成俗之远图。

这里，对于各霸权性大国构成的现实世界形势的认识是第二位的课题，对于作为迫在眉睫的威胁的西洋各国实情的把握是第三位的课题，第四位的课题是应对入侵的防卫性战术，而最后的课题是制定与作为危机的历史状况相对应的长期战略。但是，面对外来危机，《新论》作为第一课题列举出来的，却是"我国国体论"这一国家式的自我定位与自我认识。《新论》作为应对外来世界危机的时务论，其独特之处，即在于将国体论这一国家式的自我定位与自我认识课题列在第一位。被称作"水户学式的"时务论的思想特质，确实就在于此。

4."国体"论的形成

外夷已经逼到身边，危机迫在眉睫。但是，真正的危机在于当政者不能将眼前的这种事态作为危机来面对。天下太平已久，怠惰之风蔓延于天下志士和统治者之间。"天下有土之君。生则逸。凶荒无备而莫之恤。奸民横行而莫之禁。戎狄伺边而莫之虞。弃土地·人民也。"会泽悲叹的是这样的事态：当政者统治意识的怠惰，导致在外夷窥伺周边之际依然不能意识到那种危机，而是以暂时性的昏庸政策来蒙混敷衍。会泽指出这等于当政者自动放弃了应当保护的土地和人民。

会泽担忧的是：如果国家不具有能够统合民心的政治性、精神性主体，民心从国家完全背离，那么外夷无须作战即可将日本的天下收入囊中。即所谓"今虏乘民心之无主。阴诱边民。暗移之心。民心一移。则未战而天下既为夷虏之有"。现在，在会泽的政治意识中，对外危机感被"对内化"。危机首先存在于内部。既然如此，怎样才能革新统治者的意识、将游离的民心统合于国家、建立能够对应危机的国家体制？《新论》的立论之所以从"国体"开始，是因为会泽认为对这一问题的回答是第一位的并且是迫在眉睫的。

所谓"国体"即国家拥有的根本性体制。"国之为体其何如也。"——会泽一边这样提问一边展开了意味深长的重要论述："夫四体不具。不可以为人。国而无体。何以为国也。而论者但言富国强兵守边之要务。"人若无四体，身体则不成其为身体。那么，应当成其为国家作为国家之"身体"者为何？论者屡次阐释了富国强兵，不过，据此国家得以拥有之物为何？那并非通往国体建设之路。会泽是从这里对围绕前引"今虏乘民心之无主……"这种民心离反的危机展开论述。所谓国家的危机就是民心从国家的离反。完成国家作为国家的"体"，在于创造使民心真正能够为国家所统合的体制。作为面对日本外来危机之时务论的水户学，就是这样将作为国民国家的近代日本的先导性课题作为"国体论"而承担起来。《新论》的"国体论"是用如下的语言开始论述的：

> 帝王之所恃以保四海。而久安长治。天下不动摇者。非畏服万民把持一世之谓。而亿兆一心。皆亲其上而不忍离之。实诚可恃也。[1]

帝王作为天下安定之本而依恃的，是亿兆一心、作为亲上之臣的人民的统合体。《新论》面对明治时代作为臣民式统合的国民国

---

[1] 此段引文最后两句之间本无标点，标点为译者所加。——译注

家的形成，在维新之前的危机时代，就是这样开始阐述完成国家之"体"的缘由。

明治二十三年（1890）发布的《教育敕语》说："朕尝思之。吾皇祖皇宗。开国久远。树德深厚。吾臣民尽忠尽孝。亿兆一心。其美世代相传。以此为吾国体之精华，教育之渊薮实亦存于此。"这里展开的追溯皇祖皇宗开国之始、表述日本臣民统合之美的国体论式的话语，连同其修辞方式，在《新论》或者水户学那里确实已经开始。

5. 臣民式统合的原理

《新论》在自觉地意识到国内危机的同时，追溯遥远的、始自天祖的皇统继承之起源，阐述了亿兆一心的臣民统合理念。《大日本史》这部作为历史学话语的水户学著作，其话语是通过编纂天皇王朝国家正史而形成的。该书在作为国家方略话语自行重构之际所采用的话语形态，就是如此。现在我们必须审视的是：该水户学面对天皇王朝国家大业的起源不停地、反复地进行反刍，与此同时是怎样将日本国家重新组合进强固的人伦统合体、进而组合进神圣的祭祀统合体的？那种国家方略式的思想操作，在将儒教（作为统治者意识形态的儒教）作为思想基础而拥有的水户学那里成为可能，而在国学和神道那里均不可能。明治神道中的神祇国家理念，《教育敕语》阐述的人伦统合理念，如果缺少了这种水户学的学说，均无法产生。唯有作为中国古代政治理念·祭祀观之翻译性转移的水户学，才是近代日本的国体论这一日本式意识形态的本源性提供者。

我在这里试图进行的、以《新论》的"国体论"为核心的话语分析工作，作为"考古学"，是指向近代日本社会中祭祀国家形成的各种话语性前提的。

5-1 皇统的正统性与统治的正当性

> 昔者天祖肇建鸿基。位即天位。德即天德。以经纶天业。细大之事。无一非天者。[①]

"天祖"即始祖天照大神，乃天皇王朝国家中统治者的正统性之来源。"天祖"同时作为与儒家"天"的理念同一化的始祖，具备了与"天"同格的地位与道德。这种阐明"天"的话语之中，包含着承袭了"天"的帝王统治这一儒家式的统治天下之正当性的理念。天祖是同时保障着两种正当性——皇统的正统性与皇孙所进行的统治天下的正当性——的概念。在水户学中形成的日式汉语"天祖"使那种正当性成为可能。

5-2 神器继承与君臣原理

> 迨以天下传于皇孙。而手授三器。以为天位之信。以象天德。而代大工。治天职。然后传之千万世。天胤之尊。严乎其不可犯。君臣之分定。而大义以明矣。

[①] 下面的引文是从《新论》"国体上"中逐条引用。引用是以日本思想大系版《新论》的手写底本为基础，也参照了岩波文库版《新论》。——原注

三件神器即其继承者继承性地拥有天位与天德的证明。[1] 皇统的正统性（位）必须同时是统治的正当性（德）——这种水户学式的关于统治者的观念，同样贯穿在关于三件神器的观念之中。这种把握方法，为与"天祖"相联系的天皇的统治乃"祭政一致"的统治奠定了基础。对祖先的祭祀同时也是赋予政治行为以正当性的仪式。这里阐述的是：三件神器的继承者、保有者天胤是统治的正统继承者，同时作为具有正当性的统治者君临于万民之上，不可侵犯的君臣之分由此形成。这样，由天祖对皇孙所进行的三件神器的授予乃君臣原理之教。这里还应一并说明的是："天胤"一词与其说意味着天子（帝王）之胤嗣，不如说意味着与"天"同格的天祖的胤嗣。此语与"天祖"一样是在水户学中形成的日本式汉字词。

5-3 天祖祭祀与父子原理

> 特祝宝镜曰。视此犹视吾焉。而万世奉祀。以为天祖之神。圣子神孙。仰宝镜而见影于其中。所见者即天祖之遗体。而视犹视天祖。于是乎盥荐之闲。神人相感。不可以已。则其追远申孝。敬身修德。亦其得已哉。父子之亲敦。而至恩以隆矣。

在这里，将宝镜作为天祖之灵的替身进行奉祀的皇孙的祭祀行为，被置于儒家式祖先祭祀的文脉之中重新叙述。儒家中的祖先祭祀，是身为祭祀者的子孙，通过恭谨、至诚至敬的祭祀，在祭祀场

---

[1]　三件神器即象征着皇位的三种宝贝：镜、剑、玉。代代相传。——译注

所实现与祖先的精神一体化的神圣行为。关于这种祖先祭祀与"报本反始"的思想相结合对于共同体统合所具有的积极意义,会泽安有充分的理解。这里被强调的是:对于天祖的奉祀,在人伦结合方面是与君臣原理相并列的又一原理,即作为服务于父子原理的教导得以成立的缘由。奉祀着宝镜的皇孙的祭祀行为,就是对父祖之追念、孝心的模范性提示。置身万民之上者所进行的祭祀之礼,同时也是对于万民的教导。对于人民的教化,通过祭祀来进行大概比通过语言说教来进行更能够浸透到更深层面。这种教化功能,也正是荻生徂徕作为先王制作礼乐的缘由而进行描述的。①

5-4 臣民统合的原理

> 天祖既以此二者而建人纪。垂训万世。夫君臣也父子也。天伦之最大者。而至恩隆于内。大义明于外。忠孝立。而天人之大道昭昭乎其著矣。忠以贵贵。孝以亲亲。亿兆之能一心。上下之能相亲。良有以也。

从皇孙以天祖为前提的、神圣的皇统继承者的理想状态之中,人伦结合的两个原理——君臣的结合与父子的结合——被作为教诲表达出来。从天祖继承天位、由对天祖的祭祀而形成的君臣・父子这两种结合,均被作为"天伦"。应当说,这个"天伦"也是水户

---

① 徂徕在《弁名》中说:"先王知言语不足以教人也,故作礼乐以教之。知政刑不足以安民也,故作礼乐以化之。"《礼》章(前引《荻生徂徕》,日本思想大系)。关于《新论》与徂徕学的关联将在下一章详论。——原注

学式的汉语。儒家所谓的"天伦",是指作为与生俱来之自然结合的父子、兄弟关系,并非指君臣关系。而《新论》将君臣、父子同样视为"天伦中最大者",视为自"天"而来的最大人伦。"忠孝一本"或者"忠孝无二"这种水户学式的人伦原理由此成立。《弘道馆记述义》也说:"人道无急于五伦。五伦无重于君父。如此,即以忠孝为名教之根本、臣子之大节,忠与孝殊途同归。"① 在此形成的"忠孝一本"这种作为臣民大节的伦理原理,进而建构了现代国家日本的臣民统合原理。

这样看来即可明白,水户学建构的日本式汉语"天祖""天胤"以及"天伦"等,乃构成旨在对应危机的国家共同体的新的统合原理之物。水户学,尤其是《新论》作为以危机为对象的政治神学,在将 nation(国家)的神话式始祖与"天"的理念同一化的同时重构"天祖"概念,展开了服务于国家方略——以天祖起源为基础的强大的国家方略——的思想话语行为。大概可以说,这种在向起源回归的同时所进行的思想性刷新的话语操作,正是构成通过维新而形成新国家之前提的理念性话语操作。

不过,忠与孝这种人伦统合的教诲自动浸透到日本人民之间而"百姓日用而不知者"的缘由何在? ——《新论》在这样追问的同时展开论述。不过,下面引用的段落,在本书开头部分谈及以《新论》中的"天祖"概念为依据的国家方略话语之特质时我已经引用。尽管如此,我还是要顺应这里所进行的讨论的文脉再次引用。

① 《弘道馆记述义》,引自前述《水户学》(日本思想大系)所收之文本。——原注

5–5 祭祀国家的再生

> 天祖在天。照临下土。天孙尽诚敬于下。以报天祖。
> 祭政维一。所治之天职。所代之天工。无一非所以事天祖
> 者。秩山陵。崇祀典。其所以尽诚敬者。礼制大备。而其
> 报本尊祖之义。至大尝而极矣。[①]

天子奉祀天祖的行为，即天子在祭祀天祖的同时代替天祖行
使天职、统治天下的行为，亦即与"天"同一化的行为。在儒家
那里，与"天"的同一性即为圣人之所以达于至圣的根源，也
是其言行自动地达于至善的根源。在《新论》中，这种圣人与
"天"的同一性转移到奉祀天祖的天子，天子所进行的统治天下
的悠久性与统治行为的自然性被阐述出来。不过，借助天子与
"天"的同一性来论述统治之自然性的《新论》的相关议论，在
这里突然转到天皇与其朝廷所进行的神祇祭祀。这里，议论似
乎陡然发生了转变。会泽说："故以申大孝。秩山陵。崇祀典。"
但是在这里，在古代朝廷必须被回想起的逻辑程序却没有被追
寻。也许，在将儒家式的"天"与朝廷祭祀的终极对象始祖神进
行一体化、重构"天祖"概念的时候，水户学是将遵从儒家式的
"天"的天下方略逻辑转换成了古代天皇王朝所建构的祭祀国家
的逻辑。

---

① 这段引文中的"大尝"即大尝祭，在本书前面的章节中已数次出现。大尝祭
为天皇即位后第一次举行的新尝祭。天皇亲自献上当年的新稻谷，祭祀天照
大神与天地神祇。为一代天皇举行一次的重大祭祀。——译注

　　确实,《新论》这一在面临外来危机的状态下对于国家方略的论述，在回望古代祭祀国家的同时作为主张对国民进行祭祀性统合的政治神学，也是从这里展开的。应当重新建立的政治体是臣民的伦理性统合体，与此同时也必须是吸收了祭祀性的神祇性统合体。那里已经充分地包含着唯有祖先祭祀礼仪才是能够自动促成对人民进行共同体统合的最好的教诲这一儒家鬼神论的逻辑。我们必须重新讨论的，是面对国家危机而生的政治神学《新论》所回望、所重新构筑的祭祀国家理念。

第五章
祭祀国家的理念
——《新论》与危机政治神学（其二）

> 源于祭祀仪式之宗教性团结，为精神共同体，同时亦为感情融合共同体。
>
> ——和辻哲郎《日本伦理思想史》

> 如此即可看出，极其显然地，神社在我国具有国家性质，而国家亦具有祭祀性质。
>
> ——全国神职会《神社读本》

1. 国家的长期方略

会泽正志斋在《新论》中阐述的是：19世纪初叶日本面对危机之际采取的对策必须是稳定不变的谋略。确实，《新论》的最后一章就是《长计》。"英雄之举事。必先大观天下。通视万世。而立一定不变之长策。故规模先定于内，然后外应无穷之变。"①——会泽在《长计》一章这样展开自己的观点。

面临危机的日本所应采取的长期对策之中，对未来做长期展望

———————————

① 出自《新论》的引文基本是根据《水户学》(日本思想大系53，岩波书店，1973年)所收的文本，也参照了岩波文库版。——原注

的遥远地平线上，存在着现代国家日本。不过，那并不意味着在会泽视线的前方现代国家日本已经出现，而是意味着，对于"日本"这一国家体制的认识与坚定的命题性主张，即会泽始于有关"国体"讨论的危机性政治话语，不可避免地、必然地包含着国家的方针政策。那个国家必须是能够依靠安定的内部来对应外压式动荡、立于坚固基础之上的国家。所谓"长计"，就是那种为国家制定的长期战略。

《新论》的长期战略之中，在会泽视线所及的前方必须存在着新的国家。《新论》或者被称作"天保学"的新水户学对于在明治维新中形成的新国家所具有的意义，大概在于新国家从这种长期方略之中看出了自己理应采用的国家体制的理念性大框架这一点。同时，对于面向现代日本国家形成的前提而进行的、作为现代国家理念的考古学式研究的分析工作来说，《新论》所具有的意义也在于这一点。即，《新论》是将怎样的国家体制或者国家理念置于其长期战略之中的？

《新论》以会泽为国家提出的长期战略为中心展开叙述，那些言辞使人直接回想起日本的历史性本源。曰："昔者神圣所以斥攘夷狄开拓土宇者。莫不由此道焉。故中国常有一定之略。以制御夷狄。有不拔之业。以宣布皇化。"在这里，被追述、被回忆起来的是神武所进行的东征与开国这一历史性本源。在这种以《大日本史》的编纂工作为主轴的水户学中，国家方略的话语在唤醒历史的同时被作为历史性的经世话语展开。通过将日本的历史性本源或者历史性分期再现于当今来表述现状之革新，这种维新话语确实是水户学式的。

还有一点，如果顺便说明于此，那就是上面引文中的"中国"

指的是日本而非中国。真正的中国在《新论》中被称作"满清"。^①
东亚的中华主义式政治版图的中心点已经开始转移。在开始拥有
"中国"这一称谓的同时，日本在东亚应当占有的中心位置在《新
论》中已经被预先设定。那么，会泽面对自称"中国"的日本的将
来，从历史当中回忆起了什么？

2. 对于祭祀性事迹的回想

"昔者天祖以神道设教。明忠孝以立人纪。"——《新论》这
样叙述存在于天祖那里的日本国体理念的本源，对于历史的回
想，《新论》也向《日本书纪》记述的崇神天皇的神祇祭祀事迹聚
焦——"幼好雄略。既壮，宽博谨慎，崇重神祇。恒有经纶天业之
心焉。"古代的天皇国家现在被作为祭祀国家——通过祭祀获得统
合的祭祀国家——回想出来。

首先，"崇神纪六年"所述"故以天照大神。托丰锹入姬命。
祭于倭笠缝邑。仍立矶城神篱。"——《新论》根据这一事实，叙
述说：显而易见，天皇通过将神器祭于宫廷之外，而向天下通告何
以"尊天祖以敬天朝"。会泽进而详述其含义，曰："天皇乃祭之于
外。公然与天下共敬事之。诚敬之意著于天下。不言而天下喻焉。"

《新论》——将《易》中"圣人以神道设教，服天下"（《观》

---

① 伴随着明清改朝换代而发生的日本社会中中国观的变异，带来了18世纪后
　期"支那"这一称呼的一般化。而且，随着皇国意识的出现，将中国作为他
　者的异质化在进行，以至于在《新论》中能够看到这种有关自我和他者的称
　谓的形成。关于这个问题请参照拙文《巨大的他者——近代日本的中国观》，
　收入《"亚细亚"是怎样被叙述过来的？》，藤原书店，2003年。——原注

的彖辞①）之辞搬到天祖这里、转换为"天祖以神道设教……"的
《新论》，对于"神事"（天子主动祭祀祖先的行为在下民这里培养
起对于天子的敬仰与畏服之心这一"神事"）所具有的教化意义上
的重要性有深刻认识。由君主亲自进行的祭祀，是给国家体制带来
人民的感情性统合的最佳教示——儒家经典所阐述的这一法则，是
《新论》在对于追求历史上天皇事迹的再生进行解释之际所依据的
神圣法典。会泽对于以历史性神祇祭祀为中心的天皇事迹进行的解
说，是以对《尚书》等典籍的引用为基础的。

　　《新论》或者水户学中有关古代神祇史的回想从儒家视角出发
来进行，这意味着此时共同体中祭祀所具有的政治意义被自觉地提
取出来。水户学中对于历史上祭祀性事迹的回想，意味着水户学的
国家方略的立场现在对祭祀论提出了要求。就是说，面临危机的国
家，为了其统合的稳固性与有效性，而将祭祀性体制作为必需之
物。就像下一章将要论述的，该问题与《大日本史》编纂工作的结
构性转换相关联。

　　"崇神纪七年"十一月有如下记述："即以大田田根子。为祭大
物主大神之主。又以长尾市。为祭倭大国魂神之主。然后卜祭他
神。吉焉。便别祭八十万群神。"②《新论》又据此对朝廷进行的祭
祀性统合事迹进行解读，曰：

---

① 《易经》（高田真治、后藤基巳译，岩波文库）的译者对于《观》卦·象辞的
　　含义进行了如下翻译："古祭政一致，在君主之尊位者，祭神之际以水净手，
　　而后始往献供。如同此时，若不失严肃虔诚之心、内心充满诚信，则一切形
　　式整然、严肃而行，人们诚惶诚恐仰视之，诚信之意感佩上下。"——原注
② 此段文字中的"大田田根子""长尾市"等均为人名。——译注

祭大物主·倭国魂。因民所瞻仰而祀之。而辇毂之
下民心有所系属。以同奉朝廷。举是义达之四海。定天
社·国社。天下神祠莫不统。而天下民心有所系属。以同
奉朝廷。

朝廷若征讨地方，便使地方功烈者之子孙祭祀功烈者，平定了
该地。即，朝廷在祭祀秩序之下实行了对地方的统合。朝廷在各地
方、各氏族进行的政治性统治与统合，作为祭祀秩序之下的统合
而推进，这一历史性事迹现在是伴随着炽烈的目光被从19世纪初
叶的日本回忆出来。《新论》的"长计"一章，征引了《书纪》的
"崇神纪"、"垂仁纪"或者"延喜式"，并且引周王朝的祭祀事迹为
据，将作为祭祀性统一的日本古代国家作为历史范本建立起来。这
可以称为祭祀国家理念的形成。

3. 荻生徂徕的鬼神祭祀论

水户学中对于作为祭祀国家的古代日本的回忆性视角的形成，
发生在享和至文化初年水户藩的修史事业中。那个时期，《大日本
史》编纂工作的主导权从立原翠轩（1744—1823）之手转移到藤田
幽谷（1774—1826）之手。编纂工作主导权从翠轩向幽谷的这种转
移，意味着《大日本史》编纂工作的重点完成了"从人物本位的
纪传性编纂向制度史式的志表性编纂"的转换——尾藤正英这样
解释说。[1]水户学修史事业中，被关注的核心问题向制度史式的记

---

[1]　尾藤正英，《水户学的特质》，《〈水户学〉解说》[日本思想大系53，（转下页）

述的转移，如同尾藤亦曾指出的，大概意味着徂徕学的"礼乐刑政之道"这一对于社会制度体系的视角被修史事业的完成者们所共有。进而，出于对神祇史起源的关心，以天神地祇之事迹——以被《大日本史》"本纪第一"开头割舍的神代史为前提的天神地祇之事迹——为中心的神祇史记述，被置于"志第一"之中来记述。由此看来，本居宣长们的国学式视角大概也确实被他们所共有。在此，我打算一边回顾荻生徂徕的鬼神论或者祭祀论，一边阐明《新论》或者水户学中对于古代祭祀国家的历史性回想所包含的意义。

荻生徂徕有一篇题为《私拟对策鬼神一道》的文章。撰写此文，大概是以基于新井白石的朱子学式的"知"而撰写的《鬼神论》为前提，试图依据徂徕本人的古学式见解来理解鬼神问题，同时也是为了提供给萱园[①]诸门生。在与会泽同时代的国学家平田笃胤的《新鬼神论》中，此文被作为儒家鬼神论中有力度的一种类型性话语来引用。[②]那也表明了该《徂徕集》所收文章和其他围绕徂徕之鬼神祭祀的话语一起被平田、会泽等人所处时代的关心鬼神论问题的人所共有。在那篇文章中，徂徕结合祖先祭祀形成之前的所谓自然状态中的人，这样说：

（接上页）岩波书店，1973 年]。关于以水户学的形成为中心的诸种问题，该解说给了笔者诸多启示。——原注

① 萱园为荻生徂徕所设私塾之名称。——译注

② 关于引用了徂徕此文的平田笃胤的鬼神论，我早在论文《鬼神与人情》中已经论述过。文章收入《〈新版〉鬼神论——神与祭祀的话语》（白泽社，2002 年）。关于包含徂徕的观点在内的儒家鬼神论的详细论述亦请参阅该书。——原注

　　圣人之未兴起也，其民散而无统，知有母而不知有父。子孙之适四方而不问。居其土。享其物。而莫识其所基。死无葬，而亡无祭。群鸟兽以殂落，俱草木以消歇。民是以无福。益人极之不凝也。故圣人之制鬼以统一其民，建宗庙以居之，作烝尝以享之，率其子姓百官以事之。……礼乐政刑由是而出。圣人之教之极也。[1]

　　徂徕是说：在圣人将葬父母、祭祖先的理想状态传授给人们之前，人们仅仅是鸟兽般地生生死死。徂徕所谓的"圣人制鬼以统一其民……"，是使用圣人的创制这一逻辑来表明：人民最初的共同体性质的统合，曾经是通过鬼神祭祀进行的祭祀性统合。可以说，这是少见的、拥有针对人世间原初性共同体之形成这种视角的儒家文章。人民的共同体统合中鬼神（死灵·祖灵）祭祀所具有的意义——对于理解此种意义的儒家来说，鬼神的存在并不被否定。有神论恰恰是他们的立场。[2] 而且，人民的最好的共同体统合是通过祭祀进行的——当政者认识到了这一点，对于他们来说，祭祀是最

---

[1]　《徂徕集》卷十七。据笔者的书稿。——原注
[2]　我将儒家鬼神论作为对于鬼神祭祀·鬼神信仰的儒家知识人的理解的话语，进行了三种话语式的类型化。即，有鬼论话语，无鬼论话语，以及不拘于有鬼或者无鬼的鬼神的解释性话语。徂徕的对于鬼神祭祀的政治性·社会性意义进行积极理解的立场是代表性的有鬼论。我在伊藤仁斋的伦理性立场中看到了代表性的无鬼论。第三种话语即朱子学，在近世日本的代表是新井白石。详细情形望参照前面提及的拙著《〈新版〉鬼神论——神与祭祀的话语》。——原注

好的政治教化之术，祭与政确实是一致的。"圣人以神道设教……"这一被反复征引的《易经》中的言辞，就意味着这一点。徂徕所进行的围绕鬼神或者祖考祭祀的若干议论，姑且引用于此。徂徕的这些话语清楚地表明，《新论》以及水户学的祭祀论是以徂徕的话语为根据才得以成立的。[1]

> 鬼神者先王立焉。先王之道，本诸天，奉天道以行之，祀其祖考，合诸天。道之所由出也。故曰：合鬼与神，教之至也。(《弁名》[2])

水户学中新的"天祖"概念的展开，依据的是徂徕这里所谓的"祀其祖考，合诸天"一语。先王奉天而行、安天下之民的治理之道，同时也是通过祭祀祖考来进行的统合之教。"祀其祖考，合诸天"乃是使"祭政一致"的治理之道成为可能的根据。这种徂徕的祭祀论视角，给水户学带来了对于"天祖"概念的再发现与再构筑，并且带来了对于基于此种概念的"祭政一致"统治理念的再发现或者再构筑。——那种"天祖"概念是依据日本神代史·古代史建构出来的。并且，徂徕将《礼记》中的"鬼神合，教之极"(祭义篇)解释为祖考(人鬼)对天的"合"。同样是在《弁名》中，徂徕说："帝亦为天。汉儒谓之天神之尊者。……况五帝之德同于

---

[1] 关于荻生徂徕的思想性话语对于水户学以及国体论的形成所拥有的影响关系，参照尾藤正英的《作为国家主义最初原型的徂徕》(《〈荻生徂徕〉解说》，日本的名著16，中央公论社)。——原注

[2] 《弁名》"天命帝鬼神"章(《荻生徂徕》，日本思想大系36，岩波书店)。——原注

天，以祀与之合，无异于天"。徂徕的这种论述使人们进一步思考水户学重新建构的"天祖"概念的背景上存在的问题。再看看《徂徕集》中另一篇文章中的一段话。那是人们在论述徂徕学对于水户学的影响之际反复引用的：

> 夫六经虽博，何称非天。礼必有祭，事皆有祭，惴惴栗栗，唯恐获罪于鬼神也。圣人以神道设教，岂不较然著明乎哉。……不佞茂卿，生也晚，未闻我东方之道焉。虽然。窃观诸其为邦也，天祖祖天，政祭祭政，神物之与官物也无别。神乎人乎，而民至于今疑之。是以王百世而未易。所谓藏身之固者。非邪。后世有圣人兴于中国，则必取诸斯也。(《旧事本纪解序》[①])

徂徕在这里说的是：未曾听说我东方的民之邦有过能够与古代中国的先王之道类比的道，但是，如果看看我们的古代史，可以知道存在着"以天为祖"的天祖神，以那种天祖的祭祀为核心的朝廷的"政"确实是"祭政一致"的存在，古代朝廷的统治体现了"以神道设教"这一圣人之道的意趣。徂徕是说：对于我们人民来说，作为"是神还是人"难以区分之物而存在的天子，是作为完美地带来了人民的祭祀性统合的存在。如果后世的中国有新的制作者·圣人出现的话，那么一定会采用东方之邦的这种"祭政一致"之道。确实，在后来的晚清中国，给新生国家日本的最高祭祀者天皇以关

---

① 《徂徕集》卷八，前引日本思想大系《荻生徂徕》所收。据笔者手稿。——原注。译者说明：此段引文中的茂卿是荻生徂徕的字。

注的是光绪皇帝与其顾问康有为。[1] 但在那之前，水户的会泽们是追随徂徕，在日本古代史中重新发现了天祖与祭祀国家的理念。那种重新发现，如已经引用的《新论》所谓"昔者天祖以神道设教。明忠孝以立人纪"，是作为翻译性转换——经书中的圣人言辞向我们的神祇史言辞的翻译性转换——表现出来的。同时，那种语言是徂徕从我们古代史中寻找出来的东西的精彩的水户学式的。即国体史式的话语化。

4．国家危机与民心

在 19 世纪初叶的日本，会泽们直接面对并且被迫进行应对的国家危机，作为背离了国家的民心之乱，被饱含深重忧虑的目光注视着。在对于这种民心背离的忧虑同时，被他们记起的是近世早期异端邪教所造成的侵害。现在，目睹异国舰船出现在眼前，近世早期异端邪教的侵害在深重的危机感之中被回想起来。"后及异端并起，而大道不明，庙堂无永久之虑，朝政凌夷，民心日漓，而神圣所以维持万世之意乖矣。"——会泽这种叹息之辞，将近世早期的战国乱世与现在进行了双重映现。此时，工于算计、能够看到我国缺乏的大经·大道是否已经树立的欧美各国的异端邪教之徒，若以旁门左道获取民心，则民心可能会在短期之内为其所笼络。事实正

---

① 康有为在光绪二十四年（1898）戊戌变法之际上奏，主张孔教的国教化。在此国教化的过程中给康有为以启示的，是作为以天皇为最高祭祀者的祭祀国家的日本的新的建构。关于孔教国家化的问题，可参照拙文《近代中国与日本与孔教》（收入《"亚细亚"是怎样被叙述过来的？》，藤原书店，2003年）。——原注

是如此。两百年前在我国出现的，不正是"所至焚毁祠宇，瞻礼胡神，以倾民志"的事态吗？因担心那种事态再度出现而生的畏惧，绝非杞忧。应当直接面对。危机确实就在眼前。尽管如此，现实状态却是"而中国未立不易之基。众庶之心，离合聚散。不过于架漏牵补以为一日之计"。这里会泽所说的"中国"乃日本。那么，对于处于此种事态中的日本来说什么是必要的？不言而喻，那是将动摇、游离的民心向国家的中心回收、能给国家带来安定性统合的某种东西。徂徕说那就是作为先王道术的礼乐政刑之道。《新论》说那是"圣人祀礼"之教。《新论》中构成鬼神祭祀论之主体内容的文章略有些长，但还是全部引用于此：

> 夫物莫威于天。故圣人严敬钦奉。不视为死物。而使民有所畏敬悚服焉。物莫灵于人。其魂魄精强。不能与草木禽兽同澌灭。故明祀礼以治幽明。使死者有所凭以安其神。生者知死有所归而不惑其志。民畏敬悚服。而幽明无憾。则不眩于异物。故怪妄不经之说无由而入焉。祀礼废。则天人隔绝。而民生易慢。游魂不得安。而生者怵于死之无归。故邪徒得诬罔天人。唱身后之说。以眩惑之。故不足怪也。[①]

可以看出，会泽的这种论述，是在圣人所进行的祭祀之礼的创始这一文脉之中展开的。这是在徂徕那里被以先王 = 圣人观为前

[①] 这一段对《新论》的引用根据的是以会泽手写本为底本的岩波文库版。——原注

提叙述出来，亦即被从国家方略的视角叙述出来的儒家式鬼神祭祀论。这篇文章，将由圣人设立的祭祀之道（神道）不外乎人民教化之道这一观念，作为对应危机的政治神学重新详细阐述出来。怎样将民心安定地确保于国家一侧？这一课题被用儒家的鬼神祭祀逻辑来回答。这意味着水户学中的国家祭祀论具有能够满足人民的死后安心这一要求的救济论性质。

祖先祭祀具有促成共同体统合的意义。如果那种祖先祭祀能够满足人民死后安心这一要求，那种统合大概也就是来自人民内心深处的需求。现在，处于危机之中的国家所要求的，就是那种人民的统合。教给生者死后灵魂的归宿、给予民心以终极性安宁的鬼神祭祀论（神道），是由圣人设立的安天下之民的最佳之教。现在在水户学中，该圣人之教被作为"天祖之教"或者作为"神圣所立之大经"重新阐述，作为国家长期方略的根本（大经）被提示出来。

神圣（神武天皇）遵从天祖（天照大神）之教、用达于万世的思虑所建立起来的大经是什么？那就是"祭政一致的国家"这一理念。"神圣立大经。以维持万世。典礼既明。奕世尊奉。旧物犹存者如此。则神圣念虑之所及，亦可见也。"

5. 死的归宿

圣人设立的祖考祭祀之教，具体言之即为："治幽明。使死者有所凭以安其神。生者知死有所归而不惑其志。"——这是《新论》阐述的。所谓"治幽明"，就是使生与死的世界、使来世与今世对于人们来说变得安静可适。不过，这种教诲的重点在于死与死后的安心。就是说，如果死后灵魂被供奉之所——种种死亡的终极性归宿——是明确的，那么死者和生者均能获得安宁。这是宗教式的安心论·救济论。

　　如同已经论述的，《新论》作为"国家之大经"而树立的祭祀国家理念吸纳了这种安心论式的课题。那是因为危机之中的国家经纶的立场需要来自人民内心的向国家的统合。会泽阐明的是：国家向人民阐明各种各样的死的归宿、给人民以死后的安心，这应当使他们发自内心的向国家的统合成为可能。

　　江户后期社会中的这种安心论·救济论式的课题，是在平田笃胤（1776—1843）的国学式话语中第一次出现的。[①] 被视为标志着笃胤独自的国学思想已经形成的《灵之真柱》这一著作，认为在坚定地保持古学之徒所追求的大和心方面，知道"灵魂去向的安定"是必不可少的，并力图通过对基于日本神话的宇宙形成过程的重构来解决"灵魂之去向"的问题。[②] 这种救济论式的课题出现于笃胤的著作中，表明了笃胤的国学思想是在与现有的学者·知识人们——其中包括他曾师事的本居宣长——不同的位相之上成立的。从用讲演这种口语式的笔调撰写的《古道大义》等著作群的存在也可以知道，笃胤是将与历来的知识阶层不同的群体设定为国学思想的接受者。如果考虑到流连于笃胤的气吹舍[③] 门前的人们曾经是地

---

① 关于将救济论作为思想课题来处理的笃胤国学，我早在《笃胤与宣长的世界》（中央公论社，1977 年）中已经与其思想的整体面貌一起进行了论述。该书与那之后我撰写的笃胤论一起收入《平田笃胤的世界》（鹈鹕社，2001年）。——原注

② 请参阅《灵之真柱》（子安宣邦校注，岩波文库）以及该书的解说。——原注

③ "气吹舍"本是平田笃胤的号，这里当指其住所。——译注

方的神职人员或者村落社会的领导者，那么可以推断：这些人物身边的村民们是作为笃胤国学的遥远的、最终的接受者而存在的。笃胤国学中对于安心论・救济论式课题的探究，也曾经是对于那些人的要求的回应。我之所以在这里重新审视笃胤国学，是为了思考《新论》中在吸收安心论・救济论的过程中形成的国家祭祀论所处的位置。

所谓《新论》或者水户学，是在与江户的将军权力最近的亲藩・水户藩，①由聚集于水户藩主——尽管如此但持有与构成幕府权力的官僚们不同的政治视角与见解的水户藩主——身边的武家知识阶层建构的历史性经国济世话语。从《新论》中看到的水户学作为国家危机状态下的经世论，第一次以国家体制为主题并开始就其重新建构展开论述。所谓"国体"论，大概是在水户藩这里最早成为能够进行的讨论。他们所直接面对的尽管是以将军和幕府权力为中心的国家，但处于危机之中的国家方略之论却不得不在回溯历史、谋求国家规范的同时，面向未来制定理应出现的国家的蓝图。水户学在回忆历史的同时面向应当到来的国家所提供的，是祭祀性国家的理念。祭祀性国家就是拥有"祭政一致"体制的国家。即，政治性的国家同时也是将祭祀性体制作为统合之基础而追求的国家。水户学重新构建的新的"天祖"概念，使那种"祭政一致"国家的构想成为可能。——关于这一点我在前一章已经论述过。②建立怀"敬神崇祖"之念、景仰作为始原性中心的天祖的祭祀性国家，才第一次使对于"亿兆一心"的人民的统合成为可能——这是

---

① "亲藩"在江户时代指诸侯中将军家族的近亲。——译注
② 参阅本书第四章。——原注

水户学所阐述的。那"人民"已经超前地具有了"国民"（nation）
的意义。

　　《新论》的祭祀国家论在这里吸收了安心论·救济论课题。笃
胤国学在将地方的村民设定为自己话语的接受者的同时，也一边对
国学进行神道神学式的重新建构，一边回应人们对于"安心"所怀
有的要求。现在，《新论》或者水户学谋求发自人们内心的向国家
的统合，对作为历史性儒学话语的水户学进行更为政治神学式的重
构，同时，从国家经纶的立场出发回答安心论的课题。这样，作为
政治神学的水户学在这里形成。《新论》面向未来所构想的应该出
现的国家，必须在终极意义上回答人民对于死及死后的追问。国家
只有通过使人民获得死后的安宁，才能够实现人民向国家的真正统
合。这就是《新论》留给终将出现的新国家的遗训。

第六章
现代国家的形成与宗教
——世俗主义现代化与宗教民族主义

神性之物在现实领域现实化，虽为真正的妥协，但在人伦的层面上是成立于法的国家生活之中。这才是世俗世界的真正磨炼。

——黑格尔《宗教哲学讲义》[①]

1. 现代世俗国家的范型

在日本明治时代，现代国家的建设是通过已往形成于欧美社会之中的现代国民国家为范本而进行的。如果不将那种国家作为范本来接受，那么与欧美的对等性国家关系即无法期待——从这个角度看，也许可以说那种接受曾经是强制性的。那种被作为范本的现代国家，是从教会等宗教权力分离出来、拥有作为世俗权力的自立性世俗国家，是立足于政教分离原则的国家。——所谓政教分离原则，即宗教作为个人的宗教信仰自由得到来自国家的保障，但不允许宗教权力或者宗教组织等介入国家权力的行使。恰恰是立于此种政教

[①] 引自黑格尔 1831 年所著《宗教哲学讲义》。黑格尔听到法国七月革命的消息之后，围绕国家与宗教的妥协进行了最后的思索。——从该书可以看到黑格尔的此类言辞。关于黑格尔所论围绕国家和宗教的诸问题，山崎纯基于最新的文献学成果而撰写的《神与国家——黑格尔的宗教哲学》（创文社，1995年）给了笔者很多启示。这段引用也是依据该书。——原注

分离原则、拥有作为世俗权力之自立性的现代国民国家，才是明治日本作为范本、急于模仿的国家。

不过，这种世俗国家作为形成于西洋基督教世界中之物，拥有由基督教徒构成的群体及其共同社会这一社会性的基础。由于这样的原因，形成于欧洲的现代国家被看作应当称为基督教世俗国家的组织。在后进国被强制接受的就是这种基督教世俗国家的范本。

进而，该世俗国家作为国民国家，在国家的基础上由被重新统合的国民构成。国民的统合是通过国家作为一个庞大的共同体而形成、指向该共同体的人们的情感的同一化来实现的。而且，国民的统合构成了一种文化认同，即民族性。沿用美国宗教社会学家尤鲁根斯玛雅的概念，不妨将现代世俗国家所建构的这种基于认同感的统合情怀称为"世俗民族主义"。①

这种民族主义，虽然是形成于世俗国家中的非宗教性民族主义，但是是由心灵机制——使对于国家来说与宗教共通的信仰和忠诚成为可能的心灵机制——造成的。尤鲁根斯玛雅指出："民族主义与宗教清晰地展示出忠诚的共通形式——甚至到了给予殉教与暴力以道德裁判之能力的程度。这在其他任何形式的忠节观念之中都不存在。"——但并不是说世俗国家中的非宗教性民族主义与宗教

---

① 马克·尤鲁根斯玛雅，《民族主义的世俗性与宗教性》（阿部美哉译，玉川大学出版部，1995 年）。笔者认识世俗民族主义与宗教民族主义二者之间对立关系的视角，乃受教于该书。同时，小川忠的力作《原教旨主义是什么？——从美国、中东到日本》（讲谈社"现代新书"，2003 年）从与世俗民族主义抗争的宗教民族主义这一视角出发把握原教旨主义，分析、阐明世界各地区的原教旨主义运动，也给了笔者许多宝贵的启示。本书的写作从上面两本书中得到的启示甚多。——原注

之间有宽阔的边界，毋宁说分隔二者的界线是狭窄的。尤鲁根斯玛雅说的是："二者都是信仰的表现，二者都伴随着朝向一个巨大共同体的自我同一化与忠诚，而且，二者都主张授予该共同体领导者的威权具有终极性的道德正统性。"

形成于近代欧洲的世俗性国民国家，遵照政教分离的原则，否定与宗教的互相参与，国家作为世俗性的权力而自立。宗教与国家相妥协，教会存在于国家体制之内，教会活动的自由由国家给予保障。但是，排除宗教权力之介入的这种世俗国家，却要求其自身的新的宗教性，即拥有近似于信仰共同体——能够期待挺身而出、拥有殉教忠诚的那种信仰共同体——的那种宗教性。这种宗教性，似乎是以与宗教的世俗化反比例的形式被国家一方所拥有。[1] 掌握了宗教性的世俗性现代国家，为了自身的光荣、为了权威性的持续，被运用祭祀典礼来进行充分的充填。作为明治日本应当建立的国家的范本——说起来是作为外压式的强制被给予的，就是那种现代世俗国家。

2. 世俗与宗教相对立的民族主义

作为世俗性权力获得自立的国家；形成文化认同、用世俗民族主义完成国民统合的国家；还有，其自身具备了新的宗教性·祭祀

---

[1] 围绕法国、美国等国家中现代世俗国家的宗教化，尤鲁根斯玛雅说："在西欧的宗教发生非政治化的同时，其世俗民族主义却成为更加宗教式的。世俗民族主义用那种一定会使启蒙主义先驱感到吃惊的方式，开始展示出罗曼蒂克的、好战主义式的形象。"（《民族主义的世俗性与宗教性》）——原注

性的国家。通过将这种以基督教世界为背景而形成的欧洲现代世俗国家作为范本来接受，各非欧洲地域基本上都在进行现代国家的建构。由非欧洲地域的日本所进行的现代国家的建构，是历史上最早的例证。

不过，我在这里之所以将欧洲现代的世俗国家或者世俗民族主义作为讨论的前提，进而以现代日本的国家祭祀·国家神道为中心进行思考，是由于如下多种原因。我认为，这些问题与日本现代国家的兴起——日本现代国家在与欧洲之间进行的政治·经济·文化各层面的对话与冲突之中的兴起——问题，要言之即非欧洲的后进国家日本的现代化问题难以区分。与此同时我试图将现代日本的国家祭祀·国家神道等问题置于与原教旨主义式的宗教革新运动的关联之中来思考——这种运动现在以中东·伊斯兰世界为中心如火如荼地开展着。而且，如同从下文中可以看到的，如果说该宗教革新运动是面向新的宗教性国民统合——作为对于非欧洲圈中世俗主义式现代国家之形成的宗教性替代物的新的宗教性国民统合——的运动，那么，对于该问题的观照，即赋予我围绕日本现代国家的宗教性所进行的思考以高度的现代性与一般性。

前面提及的美国宗教社会学家尤鲁根斯玛雅，将与政治路线受阻的同时开始的宗教革新运动称为宗教性民族主义——所谓"政治路线"，即以中东为主的非欧洲世界中以世俗主义权力式世俗民族主义为背景的现代国民国家建构这一路线，所谓"宗教革新运动"，即力图通过宗教改革或者宗教革命对国民实行新统合的运动。在非欧洲世界中产生于现代化过程中的世俗主义国家权力与宗教势力的紧张对立、围绕政治主导权的抗争，确实是现代国民国家形成过程中的抗争，可以将其视为世俗民族主义与宗教民族主义围绕国民的再统合而展开的抗争。

　　小川忠基于这位尤鲁根斯玛雅从两个概念出发对以中东为主的世界各地区发生的宗教革新运动所进行的分析，通过将所谓原教旨主义作为理念性宗教复兴运动——针对基于欧洲世俗主义政治理念的现代化所带来的传统宗教社会的毁灭危机而开展的理念性宗教复兴运动——来把握，提供了将原教旨主义运动作为与世俗主义现代化之间不可区分的宗教性对抗运动来认识的视角。小川认为，在20世纪中推动了现代化的是"西方的自由民主主义、苏联与东欧各国的社会主义，即所谓以第三世界的民族主义这种不具有宗教性的意识形态为基础的世俗权力"。在此基础上，他指出："这种世俗权力所推动的现代化与国民国家建设，使宗教陷入存亡危机，解构传统的共同体，从这种危机感之中发生了原教旨主义。"这是对原教旨主义宗教运动（宗教民族主义）产生的背景进行把握。[1] 这里，依照我所关心和思考的明治日本社会中现代国家的兴起与宗教这一问题，对小川概述的这种从世界各地区的世俗主义现代化过程中派生出来的宗教革新运动进行略微详细的解读。

3. 世俗主义现代化与宗教——伊朗的情形

　　以现代欧洲的政教分离原则为基础形成的世俗主义国家，纵然其自身最终拥有新的宗教性，但对于世界各后进国家来说，也曾经是作为现代自立国家的基本范本而存在的。那也是作为殖民地国家给予被殖民地国家，或者欧洲先进国家给予非欧洲后进国家的现代

---

① 见前引小川忠《原教旨主义是什么？》（讲谈社"现代新书"）。——原注

国家的范本。非欧洲地区的现代国家，是将这种世俗主义国家作为范本，以不同于基督教的宗教社会基础为前提，通过来自上方的特权指导者和指导阶层所进行的改革或革命而形成的。

新形成的国家，必须通过对于构成了现存社会的宗教性多数派与诸种宗教势力采用决战或者怀柔、妥协、吸纳的方式，来塑造自己一方新的世俗多数派——塑造自己的国民。在这里，民族主义被作为世俗民族主义以新国民的形成为指向广泛宣传。不过，作为世俗主义国家的迅速现代化的政策实施，产生了政治压迫与社会分化，并激起了民众对于这种压迫与分化的抵抗。而且，由于宗教势力所组织的原教旨主义革新运动的发生，世俗主义现代化遭到反击。这样，宗教民族主义以国民的宗教性再统合为指向而产生。

这是我依据前面提及的两本书就非欧洲地区现代国家的形成面临的事态所进行的草图式素描。下面根据伊朗和印度的史实对该素描进行补充。1979 年的霍梅尼伊斯兰革命获得成功的伊朗，是自上而下对世俗主义现代化进行强权式推行的代表性例证。1925 年登上伊朗国王王位的礼萨·汗大力推行伊朗的现代化，其政策实施的核心在于确立中央极权式的权力、整顿官僚机构、强化军队。这是实实在在的现代国家权力及其机构的建立。伊朗作为现代国家的建构——他将这种建构作为伊朗社会的非伊斯兰化而推行，即力图通过波斯·认同感对伊朗的国家属性进行非伊斯兰式的重新建构。波斯语被作为国语或者共通语而推行，现代性的民法、刑法、商业法取代伊斯兰法被制定出来。而且，甚至以法律的形式强制国民穿西装。这种自上而下的现代化，经由第二代国王穆罕默德·礼萨·巴列维之手，在战后国家环境中被进一步强权式地推行。国王在接受美国援助的同时所进行的作为"白色革命"的现代化，以土地改革、选举法修订等方式推行。20世纪70年代，借助在石油价格高涨中获得的巨大收入，伊朗开始谋求成为大国，但结果却是伊朗社会的急剧改变，从农村流入首都德黑兰的民众导致了贫民窟的出现，构成了庞大的城市贫困阶层。小川指出：对于这类民众来说，所谓"现代化"，只能是"从前安定的传统生活方式和地域共同体遭到破坏，贫富差距扩大，而不是此外的任何东西"。政府对反政府运动进行镇压——抵抗这种镇压的伊朗民主化运动不久即染上宗教色彩，霍梅尼的伊斯兰革命的完成过程及其后续情形，就是我们现在依然从远方遥遥注视着的中东现代史的过程。

这场伊斯兰革命，确实曾经是作为对于伊朗的世俗主义现代国家化的宗教性替代物而推行的。但应当说，那与其说是对现代国民国家自身的否认，不如说是作为伊斯兰国家的对于新的统合的追求。关于伊斯兰叛乱派，尤鲁根斯玛雅也指出："他们的思维方法的奇妙结果之一，就是将现代国家中的许多最为显著的要素挪用在伊斯兰所依据的框架之内。……较之于将国民国家从伊斯兰中排除，他们也在更多地制造新的统合。"

4. 世俗主义现代化与宗教——印度的情形

第二次世界大战之后，在20世纪50年代领导了所谓第三世界的埃及总统纳赛尔和印度总理尼赫鲁等人是欧洲式的世俗性民族主义者。他们"至少在名义上赞同在其国家占统治地位的宗教，但未曾宣称自己的国家是宗教国家"——尤鲁根斯玛雅指出了这一点，同时就促使他们没有发表那种宣言的原因进行说明，曰：

"一部分原因在于具有强烈民族性的宗教团体不允许他们那样做，而另一部分原因在于那样做违反他们自身的理念——他们是在相信决定现代国家成其为现代国家的是世俗民族主义这种环境中接受教育的。"这准确地阐述了在非欧洲的非基督教世界中现代国家的兴起是在怎样的主导权之下、是保持着怎样的宗教力学关系而进行的，耐人寻味。这段话会使我们立刻联想式地回头观察明治日本时代世俗主义现代国家兴起时的情形。不过，有关明治日本的讨论是下一章的课题，这里仅以在由印度教这一宗教多数派构成的印度社会中兴起的世俗主义现代国家所遇到的磨难与宗教对抗为中心进行考察。不过，现在，我完全没有追溯现代印度政治史——拥有世俗主义宪法纲领的印度政治世界导致了被称作印度教·民族主义这一巨大宗教政治运动的现代印度政治史——之详情的能力，也没有时间进行那种追溯。在这里，我仅仅依照自己对于明治日本所怀有的问题意识，看一看世俗主义现代化在印度面临着怎样的事态、导致了怎样的结果。

1947 年印度独立之际，尼赫鲁宣称印度为世俗主义国家。世俗主义（secularism）是印度宪法最重要、最基本的原则。印度最高法院的案例条款将世俗主义原则规定为议会也不可修改的"宪法的基本结构"。[①]作为印度国家宪法纲领的世俗主义宪法，承认个人的宗教信仰自由，规定国家对于各种宗教应持中立态度，但与此同时，也承认如果具有社会改革的正当目的，国家有介入宗教、要求对其进行修正的权力。不过，印度（将这一世俗主义作为宪法原

---

① 贺来弓月，《印度现代史——独立五十年的考察》（中公新书，1989 年）。——原注

则的印度）作为独立国家的起步是与作为伊斯兰共和国的巴基斯坦
的分离独立同时进行——如同这一事实所显示的，印度的世俗主义
国家与宗教势力之间继续保持着紧张关系。从伊斯兰和锡克教徒等
印度宗教民族性的角度来看，政府主张的世俗主义被看作不过是印
度教多数派的遮羞布。而另一方面，从印度教一方看来，它则被看
作是援助、拥护伊斯兰的宗教民族性派别，给印度的印度教统合带
来了分裂。

被称作世界最大的民主主义国家的印度，为了能够作为名副其
实的民主主义国家而存在，国民（世俗民族主义）——与基于自由
与民主主义理念的世俗国家同一化的国民——作为非宗教多数派而
形成是必要的。尼赫鲁所期待的也是这种世俗国民与其国家的形
成。但是，世俗主义政府推行的政策在印度社会中实际导致的结
果，与其说是统合不如说是分裂，所维护的与其说是共同利益不如
说是个别集团的利益。

尽管是来自作为世俗主义政府之宗教性替代物的印度教·民族
主义内部的告发性报告，但中岛岳志以该事态为中心这样叙述道：
"以特权阶层或者宗教作为认同基础的民众，行使其获得的参政权，
使获得基于那种特权阶层或者宗教的地位和特权的要求变得自觉而
强烈。由于这个原因，印度人民内部的多层化与多面化进一步加
剧，导致以差异为基础的认同感被强化。"[1]进而，政府为了促进社
会民族性对社会性的参与而采取的优待措施（保留制度）确实推进

---

[1] 中岛岳志，《印度教民族主义》（中公新书，2002 年）。结合与 RSS（民族服
务团）的共同生活体验等，对存在于日渐高涨的印度教·民族主义背后的印
度社会的现状进行了详尽的展示。一本珍贵的报告书。——原注

了被视为社会后进阶层人士的参与，但也对对立面的特权阶层进行了公的追认，促进了各不同社会范畴的固定化。

得力于 1991 年的经济改革、管制放松与市场自由化，印度获得了迅猛的经济发展。但是，据说，赞美这种经济发展的是形成于都市社会中的"新中间阶层"，拜金主义与消费浪潮征服了他们，使社会伦理意识迅速崩溃。中岛传达了一位参加以控制了现代印度的印度教·民族主义为核心的战斗性青年组织 RSS（民族服务团）的印度青年的心声："在现代印度社会，渎职与收受贿赂行为泛滥。大家都只考虑自己的利益，只有看重现实利益的人在增加。在印度社会中，伦理已经不幸地丧失了。……必须找回印度社会中已经失去的德行。而且，能够做到这一点的唯有 RSS。"这段话在传达出印度社会的实际状况的同时，也充分说明了为什么现在印度教·民族主义会成为焦点。

印度教本来并非某一具有内在一致性的宗教。它并非只信奉一个神的信仰，并非由一位预言家所制造的教说，亦并不拥有体系性的教义或者礼仪等。它被看作印度各种宗教的混合体——毋宁说是包含了应当称作印度人生活方式的印度社会阶层性习俗文化的生活法则。[1]印度教本来就不拥有给信徒们带来强烈群体意识的那种宗

---

[1] 《印度教——印度的圣与俗》（中公新书，2003 年）一书的著者森永达雄对于"印度教是怎样的宗教？"这一问题，尽管称自己的回答是不负责任，却这样回答说："如果用比较消元法来思考印度的宗教人口，不妨这样来定义印度教。即除去居住在印度亚大陆的伊斯兰教徒、基督教徒、锡克教徒、黄教徒、拜火教徒以及其他拥有独自信仰的各少数民族，全国人口的绝大部分（80%以上）所信奉的、民族的多样信仰形态的总称，只能说是印度教。"又说："意外的是，这一回答也许最得要领。"——原注

教品格。但是，印度教意识在印度社会中的形成，被看作始于英国强化殖民统治的 19 世纪。从与在殖民地推进传教活动的基督教的对抗之中，而且从与蓄意制造敌对关系的伊斯兰教的对抗之中，培养一种宗派意识的诉求在印度教这里被提出。

但是，由印度教将"一个国家、一个民族、一种文化"作为意识形态性的口号提出、印度教·民族主义被构筑起来，则是到了 20 世纪 80 年代——在这一年代，从 1947 年开始的印度作为世俗主义现代国家的形成一方面扩大了前文写及的社会分裂与变形，同时，伴随着统治者的腐败与结构性疲惫其否定性结果也日益显现出来。那也许可以说是世俗现代国家主动地将未能完成的、作为世俗多数派的国民的形成转让给了作为宗教多数派的印度教。而且，在印度国家的外部和内部被有意识地制造出来的与伊斯兰的对决，也在印度教这里进一步强化了其国家宗教的性质。所谓印度教·民族主义，就是世俗主义现代国家的印度制造出来的以自我为目的的宗教性替代品。

5. 为何是亚洲现代史？

对于我来说，伊朗、印度等国现代史上发生的状况属于专业知识以外的领域，尽管如此却依然鲁莽地大胆进入并尝试在这里发现问题，是因为我认识到了对于考察近现代日本社会中以国家与宗教为中心的诸问题来说亚洲现代史所拥有的问题的紧迫性。

在围绕现代日本的国家与宗教问题而进行的比较法学、比较国家论式的考察中，作为与日本进行比较考察的对象，先进的现代国家——英国、法国、德国等欧洲诸国或者美国被作为例证而展开考察，这种情况大概是普遍的、常见的。[①]但是，在使用军事力量提出开港和通商要求的欧美诸国清晰地出现在东亚各国面前的19世纪中叶，日本——作为现代国民国家承担着自我形成课题的日本——所面临的问题，基本上属于非欧洲地区的现代化问题或者现代国民国家化问题。如果从与我在这里追寻的问题的关联来说，则是非欧洲的、非基督教的世界中世俗主义式的现代国民国家的形成问题。在那里，欧洲的世俗主义式现代国民国家是作为被给予的范本存在的。根据这样的认识，日本现代国家的形成与由此派生出来的围绕国家与宗教的问题，才不是被作为日本特殊的问题，而是被置于世界近现代史的历史脉络之中，从更为一般性的视角进行分析，从其与现代世界中依然在继续发生的事件的关联出发，进行更为现实性的考察。

我阅读著者惠赠的《原教旨主义是什么？》一书，当然是因为对于现代史上最为重要话题之一的"原教旨主义"感兴趣。不过，我在读了这本书并从中得到启示、进而阅读了尤鲁根斯玛雅《民族主义的世俗性与宗教性》之后知道，这两本书处理的中东以及南亚的问题，不外乎早期形态的现代日本问题，不外乎日本近现代史中的宗教问题，或者显然就是国家神道的问题。

由"世俗主义"与"原教旨主义"或者"世俗民族主义"与

①　例如，《现代国家与宗教团体——对于处理纷争的比较法学探讨》（佐藤幸治、木下毅编，岩波书店，1992年）从"国家与宗教团体"这一视角对作为一神教法文化的"犹太教—基督教传统"进行观照，出于试图将我国的法律制度与其进行对比这种意图，被用以作为与日本进行比较法学探讨对象的是美国、法国、德国以及苏联。作为范型的欧美基督教式的世俗国家，是作为比较的前提性标准存在的。——原注

"宗教民族主义"这种对抗性概念所构成的分析视角——通过从这种视角进行的观察我知道：近现代日本的宗教问题或者国家神道问题，作为与非欧洲的非基督教世界中世俗主义现代国民国家的形成不可分割的问题，在与亚洲现代史保持着不可分割的一般性关联的同时，能够置于日本的特殊性之中来把握。

　　如同从本章开头处所引黑格尔的话中看到的，探究现代世俗国家自身的神圣性、宗教性等，是我撰写本书之初设定的主题。但是，如同前文所言，阅读了前面提及的两本书，对亚洲宗教民族主义的思考使我在本书中的问题设定发生了很大变化。我开始思索：必须从与亚洲现代史的关联出发对近现代日本的国家与宗教问题进行重新建构。不过，尽管目前的问题意识发生了变化，但我以现代世俗国家的宗教性为指向的终极性问题意识并没有改变。在那种意义上，出自黑格尔《宗教哲学讲义》的格言在本章开头依然被原封不动地引用了。

第七章
两个世俗国家之间
——国家神道发生的场

> 信教自由当视为近代文明之一大美好成果。于是，人类至尊至贵的本心之自由与真理之延伸，经数百年间沉沦蒙昧之境界，终于达致光芒闪耀之今日。
>
> ——伊藤博文《宪法义解》

1. 明治维新与神国家

日本在近现代史上两次经历了世俗主义国家的创建。如果从宪法意义上的国家体制创建对此进行叙述，那么第一次是通过明治二十二年（1889）所谓"帝国宪法"的公布，第二次是通过昭和二十一年（1946）《日本国宪法》的公布。这里所谓的世俗主义（secularism）是指作为世俗权力的国家的自立性。就其历史性而言，是指立足于政教分离原则的现代国家理想形态。——那种政教分离原则，就是在欧洲社会中，从宗教权力（教会）分离出来的政治权力（国家）作为世俗权力而建立、将包括教会活动在内的信教的自由保障于体制之内的原则。但是，我在前面已经论述过：这种世俗主义国家是以基督教为背景形成于近代欧洲，只要其成立基础是基督教社会，毋宁说，那就更应称之为基督教世俗国家。[1]
所谓欧洲的基督教世俗国家，即这样的国家，与其说是共有了基
督教本身，不如说是共有了基督教社会这一文化性认同感的人们
所构成的国家——作为这样的国家，在唤起新的世俗性民族主义
的同时完成了国民的统合。对于 19 世纪亚细亚的后进国家日本
来说，曾经作为外压存在的，就是那种作为基督教世俗国家的欧
美诸先进国家。

尽管打着"王政复古"的旗号却推行社会全面革新的明治新政
府，基于"祭政一致"的神祇国家的理念，实施通过神社进行国家
之重大祭祀的政策。这种以彻底实施神佛分离[2]为基础的政策，同
时也与对近世以来禁止天主教制度的重新确认相伴随。只要神祇
天皇制国家的确立是维新政府的意识形态目标，那么，作为该体
系——将作为最高祭祀者的天皇置于顶点的神道祭祀体系——的日
本国家的宗教纯一化，与通过神祇国家理念的教化对人民进行的国
家统合，就必将成为新政府的宗教政策所追求的目标。

在被近代神道史划分为"神道国教化之政策期"[3]的庆应至明
治四年[4]这一时期，新生国家的自立性被作为"祭政一致"的神祇

---

[1]　参见本书第六章。——原注

[2]　这里所谓的"神佛分离"特指神道与佛教的分离。明治政府 1868 年 3 月发
布《神佛分离令》，抑制佛教，确立神道教的统治地位。——译注

[3]　这是根据宫地正人在《国家神道形成过程的问题点》(《〈国家与宗教之间〉
解说》，岩波书店，1988 年) 中所作的时期划分。据宫地所述，"神道国教化
之政策期"和明治四年废藩置县的断然实行一起被"教部省政策期"继承。
那一时期被认为随着明治十年教部省的撤销而终结。宫地将那之后的时期视
为"国家神道之确立期"。——原注

[4]　"庆应"为日本年号，1865 年为庆应元年。明治四年为 1871 年。——译注

国家理念表述出来，基于其理念的国家的统一——作为国教式神道[①]的自我主张被排他式、排外式地执行。对内，作为废佛毁释这一激烈的佛教破坏活动，而且作为"破邪运动"广泛展开。所谓"破邪运动"（破除邪教运动），即产生自对外危机意识的反基督教宗教统治及其相伴随的对天主教的再次镇压。

不过，处于欧洲诸国环伺之下的日本所建设的现代国家，不可能成为拥有排外的、排他的神道性自我主张的神祇国家。在修改不平等条约、作为对等的自立国家被欧洲诸国认知方面，不能将禁止天主教的广告牌原封不动地继续竖立在那里。新生日本作为现代世俗国家开始重新组合，是由认识到了国际环境与先进文明诸国所拥有的强大国力的政治领导人推动的。

2. 从"神道的国家"到"国家的神道"

明治十年以降被认为是日本进入了神道史意义上的"国家神道确立期"，但是，这同时意味着进入了日本作为现代世俗国家的重新组合时代——或者毋宁说是重新形成时代，即由神祇国家的理念主导的新生日本作为世俗国家重新形成。我将所谓"国家神道"作为与这种现代世俗国家的日本的再形成不可分离的概念来思考。

作为现代世俗国家的日本，在法律制度的层面上是通过"帝国

---

① 就拥有自觉性——作为新生国家之教义体系·祭祀体系的自觉性——的神道立场而言。对神道立场进行意识形态式建构的是水户学体系中的皇国神学（参照本书第四、五两章）和国学体系中的复古神道。对此进行"人性式"构建的是国学体系中的复古神道家们。——原注

宪法"的制定得以形成的。对于现代国家日本来说，所谓世俗主义当然并不是仅仅撤下禁止天主教制度这一广告牌。所谓国家的世俗主义，无论是君主制国家还是民主制国家，最为重要的是国家主权的确立是国家自身的自立性主张。对于这种世俗主义国家而言，即使有"国家的神道"，也不会是"神道的国家"。神道及其祭祀设施神社与国家的关系，是通过这种世俗主义而被重新建立的。经过这种重新建立，"国家的神道"即国家神道得以成立。那也可以说是根源于挫折——"国家的神道"这一神道主义者们所怀有的维新的神祇国家的理念的挫折——的成立。这样，在日本近代历史中，而且直至战后，向"惟神之大道"复归的愿望被神道主义者们固执地怀有。①

但是，明治国家作为世俗国家的重新形成，并非仅仅是在法律制度上使作为行政概念的"国家神道"成立。国家将神祇祭祀体系吸收进自己内部，使自身通过拥有新的祭祀性而重新形成。由此，对于人民拥有向心性威力的神圣皇国日本，在唤起新的皇民民族主义的过程中被建立起来。作为在这里形成的现代世俗国家的日本，而且是作为与自身拥有了祭祀性的皇国日本不可分离之物，其国体论性质的意识形态体系，即为我所言之国家神道。

日本是以欧洲世俗国家为范型在非欧洲·非基督教世界建立起

---

① 对于在制度史上实现的"国家神道"的诅咒与对于向"惟神之大道"复归的希求，被持续述说至今。这是神道人的叙述所表明的。例如，苇津珍彦的《国家神道曾为何物？》（神社新报社，1987 年）和神社新报社编辑的《近代神社神道史》（西田广义执笔的初版本增补改订版，神社新报社，1986 年），等等。我给"国家神道"加上引号，是指在制度上形成的国家神道。——原注

世俗主义性质的现代国家的最早例证。关于这一点，我已经反复论述过。我在这里结合近代神道史上的时期划分匆忙地提前概括出来的，是明治时期那种世俗主义现代国家的兴起与神道发生关联的经过。这种提前进行的概括对于我的意图来说是不可缺少的工作——我的意图，就是从与第二次世界大战后日本作为第二次世俗主义国家而形成的关联之中，对国家神道问题进行更加清晰的归纳与描述。

3. 何以第二次成为世俗国家？

日本随着太平洋战争的战败，将焕然一新的国家体制及其理念通过《日本国宪法》呈现出来。该宪法中有永远放弃国权发动的战争、放弃为解决纷争而行使武力的条款，同时也有表述国家与宗教完全分离的政教分离条款。关于这两项条款被列入《日本国宪法》所具有的重大意义，我在前文已经涉及，后文也许还会多次涉及。[①]这表述政教分离原则的第二十条以及第八十九条，在保障国民信教自由的同时，也规定"国家及其机关，不可进行宗教教育以及其他任何宗教活动"，禁止国家机关组织包括支出公款在内的任何宗教活动，并禁止其对该类活动的参与。不言而喻，宗教团体也被禁止介入政治权力的行使。在1946年，日本政府用这部宪法重新向世界表明了作为世俗主义国家的政教分离原则。就是说，在那部《大日本帝国宪法》之下，曾经应当是世俗性现代国家的日本，第二次世界大战之后再一次通过《日本国宪法》向国内国外表明自己是立足于

———————————

① 　参阅前文《国家神道的现状》。——原注

政教分离原则的世俗主义国家。① 就这样，日本在近现代史上经历了两次作为世俗国家的兴起。为何是两次？现在应当围绕日本的国家与宗教进行追问的一切问题，都存在于这两个世俗主义国家之间。

通过宪法进行的第二次对于世俗主义国家性质的表明，同时表明从前那个帝国日本——作为由于"帝国宪法"而实现、通过对该宪法的解释而维持，或者事实上脱离宪法体制的世俗国家的帝国日本，已经并非原封不动地被作为战后国家的日本所继承。那意味着延续至第二次世界大战的世俗国家日本已经作为虚有其表的世俗主义国家被《日本国宪法》所否认。这里所谓被否认的、虚有其表的世俗主义国家，是指曾经存在过的那个尽管在法律制度层面上是作为世俗国家，但是与非世俗的宗教国家并无区别的超政治力量依然对国民的社会生活、亦对精神生活采取压抑性、限定性行为的国家。这种对于国民持有超政治力量的虚假的世俗国家，就是国家通过吸纳神祇祭祀体系而重新构筑的、作为近代天皇制式祭祀国家的日本。我在前面所谓"对于人民拥有向心性威力的神圣皇国日本"就是这个国家。《日本国宪法》通过国家与宗教的再次完全分离所否定的，即为该虚假的世俗国家日本。我是以同样包含着拥有这种超政治力量的近代天皇制国家之意识形态的神道祭祀体系为对象展开论述，而绝非仅仅以近代日本国家的神祇行政指导下的神社神道为对象而展开论述。

但是，有人尽管是从作为第二次世俗主义国家的《日本国宪法》提出问题，却试图导引出甚或可以说已经导引出与我们完全相

---

① 前一个宪法即"明治宪法"。明治二十二年（1889）二月十一日颁布。后一个宪法即"和平宪法"，昭和二十一年（1946）十一月三日颁布。——译注

反的结论。这些人就是将以政教分离原则为前提的《日本国宪法》视为外在强加之物、力图对现代史上关于日本的历史评价进行重新认识的人。在与其说是构成了历史再认识论的有力一翼、不如说是构成了历史再认识论核心部分的话语之中，存在着由各位现代神道人提出的国家神道再认识论。他们说，"国家神道"是被用承担日本战争行为全部罪责的形式、由占领军"追究战犯式地"建构的过于庞大的概念，乃外在强加之物。而且，他们认为是由于采用与这种强加的"国家神道"概念直接连接的方式，才有了《日本国宪法》中表达国家与宗教完全分离的政教分离原则。至于从这种立场出发所进行的近代政治史或者神祇史的再认识将从历史上发现怎样的"国家神道"图景，我在前面已经进行了论述。① 如果必须在这里再次进行论述的话，那就是要阐明这种"国家神道"再认识论力图再认识的和拒绝再认识的究竟是什么。

4．最终什么被再认识？

占领军在昭和二十年十二月对日本政府发布的所谓《神道指令》，可以说是给战后日本带来了作为虚构的"国家神道"概念的罪魁祸首。——再认识论者的这一观点我在本书第一章《国家神道的现状》中已经论及。这里再次讨论该问题，是为了弄清楚通过他们所进行的神道指令批判，什么被重新认识以及什么不被重新认识。

《神道指令》说"本指令之目的在于将宗教从国家分离"。但

---

① 参见前文《国家神道的现状》。——原注

是，神社神道人认为，该指令实际上是命令"国家与神社神道的分离"，将一切罪责推给神社神道，主张对神社神道实施特别严厉的压迫性控制。针对《神道指令》，他们从受害者的立场出发鸣冤叫屈，强调该指令是错误的。① 在《神道指令》发表已经过去半个世纪的现在，来自神社神道人的、针对该指令的控诉依然在继续进行，这向人们表明的是被错误地从国家分离开来这种受害者意识怎样一直强烈地存在于他们心中。《神道指令》的某个地方出现了错误——这是他们要说的。

神社神道人像是背负着强加给国家神道的一切罪责似的，从受害者的立场出发控诉《神道指令》。这种现实状态，已经告诉我们他们是将《神道指令》中的"国家神道"概念本身视为错误之物。大原康男围绕政教分离问题提出了诸多观点，他根据联合国军总司令部（GHQ）宗教科成员 W.P. 伍达德以占领时期宗教政策为中心的研究著作，将《神道指令》的问题点作为"为了重新认识《神道指令》的四个视角"归纳出来。② 大原在这里采用的是颇为复杂的做法，即根据身为当事人的 GHQ 旧成员的言论，指出占领军发布的《神道指令》中的问题点与错误，好像是将作为控诉者的自我掩

---

① 《〈神道指令〉与战后之神道》（神道新报社编，1971 年）。此外，前引《近代神社神道史》亦有同样表达，因此二者被认为是出自同一作者或编者。——原注

② 大原康男，《〈神道指令〉与战后之政教问题》。收入大原康男、百地章、阪本是丸合编的《国家与宗教之间——政教分离的理想与现实》，日本教文社 1989 年出版。另外，大原所引伍达德（William P. Woodard）的著作为 *The Allied Occupation of Japan 1945—1952 and Japanese Religions*，Leiden，1972。该书日译本为《天皇と神道——GHQ の宗教政策》，阿部美哉译，サイマル出版会 1988 年出版。——原注

藏了起来，即力图让当事人——控告者的替身——陈述事情的错误。首先是关于《神道指令》中"国家神道"概念的错误。

"国家神道仅仅是由内务省神祇院管辖之下的旧官国币社的信仰与仪式所构成的。"伍达德这样将"国家神道"理解为日本近代史上某一时期的现象，阐释说："所谓国家神道这种现象，随着占领军责令神社与神官从国家分离的指令而瓦解，成了一个历史现象，就这样无声无息地湮灭了。但是，神社神道与政府的关系尽管被切割却依然存在。"——大原引述了伍达德的解说，指明这是"非常易懂的说明"之后，称"伍达德是说在将国家神道等同于神社神道的《神道指令》中，关于国家神道的定义是错误的"。这是将对于《神道指令》中"国家神道"概念之错误的批评作为伍达德的陈述。大原借用伍达德的语言表述的是：国家神道是指称神社神道——被置于内务省神祇行政之下的神社神道——之暂时性事态的概念，《神道指令》将其等同于神社神道是错误的。这里，我不得不将"国家神道"作为近代神祇行政上的制度史概念，加上引号使用"国家神道"这一概念，是按照以苇津珍彦为首的国家神道再认识论者所使用至今的论述方法，并非借用伍达德的词语。[①] 大原采用的是借助敌对一方的言论将自己的立论正当化的论证方法。但是，通过他人之论将自己的立论正当化，仅仅是用简化、取巧的方式利用他人之论。事实上，伍达德为了将那部著作开头处使用的概念明确化，对"国家神道"下了这样的定义：

----

① 前引苇津珍彦《国家神道曾为何物？》。围绕苇津的这本书我在本书第一章《国家神道的现状》中已经进行了充分论述。——原注

"国家神道"（或者国家式神道）除去以下特色即与神社神道相重复。即，在国家神道之下神社与神职被视为国家之物，其礼仪以及活动被法律所规定、被政府各机关所管理。"现代意义上的"国家神道，是在明治维新初期神社被作为国家之物之际出现，在 1946 年政府对神社的管理结束之际消灭。①

在这里被定义的，不正是我在前面已经阐述过的、在明治世俗国家的基础上重新建构的国家神道自身吗？伍达德指出存在于现代日本国家体制内部的神社神道的理想形态是"国家神道"，因此，在那种意义上准确地描述了国家神道与神社神道的重叠。伍达德所下的这一定义，与其说是表述《神道指令》中被视为与神社神道相同的"国家神道"概念的错误，毋宁应当看作通过对该概念的进一步限定弄清了《神道指令》当时严令分解之物为何物。所以，伍达德一方面将"国家神道"看作历史性的、某一时期的神社神道，对其进行了限定性的定义，另一方面，又建构了"国体神道"这一"祭政一致"的国家的神道学概念，进而提出了"国体之祭祀"这一关涉到昭和日本超国家主义式的集团心理的概念。即，将神社神道吸收于自己之中的现代国家日本，在作为天皇制祭祀国家转换、生成的过程中，把它作为自我支撑之物，以及自己创造之物——伍达德并非仅用"国家神道"这唯一的概念将其包括，而是将其作为

---

① 前引《天皇与神道》开头处所下的定义。引文中的着重号为引用者所加。而且，伍达德在这里就"神道""神社神道""国家神道""国体神道""教派神道""国体之祭祀"这六个用语进行了简洁的定义。——原注

"国体神道"，并且作为"国体之祭祀"来把握。① 《神道指令》确实是针对这"国家神道""国体神道"乃至"国体之祭祀"发出了严厉的分解指示。——应当理解伍达德的区分意味着什么。然而，大原仅仅是将伍达德所做的区分置于《神道指令》中"国家神道"概念的错误这种上下文关系中来理解。——不，大原仅仅选择性地利用那种上下文关系。

大原康男在前文借伍达德之口指出了将"国家神道"等同于"神社神道"这一错误，现在又借助伍达德来表述将"国家神道"等同于军国主义·超国家主义意识形态这一错误。他声称必须将伍达德所谓"作为被国家管理的非宗教的神社神道"这一法律制度层面的问题，与包含着非神道内容的"军国主义·超国家主义"这一意识形态层面的问题区别开来。——就这样，大原借用伍达德，甚至将"国家神道"看成了与军国主义·超国家主义意识形态无关的概念。

大原这种借助伍达德进行的国家神道再认识论拯救出来的，是被《神道指令》给予了过大的"国家神道"概念这一负担的神社神道。利用伍达德，仅仅是为了拯救神社神道。因此，无论是对于伍达德为了与"国家神道"相区别而设定的"国体神道"概念，还是对于更重要的"国体之祭祀"这一概念，大原均完全不涉及。

---

① 伍达德这样定义"国体神道"："天皇乃现津神、天皇与日本国土以及国民为一个神圣且不可分离之存在——以解释此神道神话为基础的政治哲学意义上的信念体系。国体神道之基本教义为'祭政一致'。"另外，关于"国体之祭祀"，他解释为"我指称以日本的天皇和国家为中心的超国家主义以及军国主义的祭祀时制造的新词"。又说："原来被政府强制的教说（教义）、礼仪以及祭祀活动的体系。宣扬天皇与国家是一个不可分离的、有机的、形而上的存在。"——原注

于是，大原获得了法律意义上的"国家神道"（某一时期的神社神道）这一被矮化的概念。进而，他将统治了昭和前期日本的军国主义·超国家主义话语的展开，仅仅看作似乎是被制造于与该"国家神道（神社神道）"无关的外部的噪声。大原这样说：

> "超国家主义"话语的实质，乃北一辉与橘孝三郎等人所谓昭和维新运动的思想，或者文部省掌管的修身·国史教育这一意识形态的别名。——这种看法是恰当的。在内务省的严密监督之下，国家神道进行那种思想宣传或者启蒙活动的余地几近于无。①

法律意义上的"国家神道（神社神道）"这一国家神道概念的矮化，将神社神道从战争责任论中拯救出来。不过，国家神道再认识论拯救出来的并非仅仅是神社神道。与伍达德的三种区分不同，将"国家神道"矮化为法律制度概念的再认识论，也将《日本国宪法》的世俗主义原则拒绝继承的帝国日本天皇制祭祀体制看作虚构，甚至使国家神道自身也消失于我们的历史检讨视线之中。如果国家神道已经是微贱之物，那么指令将国家与宗教（神道）完全分离这一指示自身，就成了被虚构的"国家‖神道"图景所操纵的错误指示。政教分离原则现在必须被重新认识。这是国家神道再

① 北一辉（1883—1937），佐渡县人。国家主义者，所著《日本改造法案大纲》给日本陆军青年军官以巨大影响。受1936年"二二六事件"牵连，被判处死刑。橘孝三郎（1893—1974），茨城县人。国家主义者、农本主义者，1931年创立爱乡塾。1932年因参加"五一五"政变被判无期徒刑，1940年假释出狱。——译注

认识论的终极目标，也是对于宪法规定完全分离的国家与宗教（神道）之关系的再认识。

5. 国家与宗教的完全分离

《神道指令》在第二条第一项的开头明确表达了政教分离原则——"本指令之目的在于将宗教从国家分离"。该指令中政教分离的指示是总括性的并且是彻底的。同一项还规定："本指令并非仅仅针对神道，对于一切宗教、信仰、宗派、信条以及哲学的信奉者，也禁止与政府保持特殊关系，而且严禁军国主义乃至过激国家主义'意识形态'的宣传与传播。"指令禁止包括神道在内的所有宗教及信徒与国家政府保持特别的关系。

但是，关于《神道指令》的这种总括性的、彻底的政教分离的指示，大原依然借用伍达德的语言，说"从事态的趋势出发，那种严格的政教分离原则被导入了"。即，担任神道指令原案制定工作的当事者们，本来是基于为了将神道从国家分离除了采取"极端的方法"别无他途这种认识，但另一方面，基于《波茨坦公告》所谓的保障信教的自由，指令"曾经标榜不仅是神道，其他所有宗教亦应当适应，从事态的趋势出发，那种严格的政教分离原则被导入了。"——大原这样说，像是将伍达德作为代言人似的。但是，这里被非难为过于严格的、极端的政教分离原则是什么？什么是严格的？什么是极端的？是该原则的适应范围严格？还是说总括性地将宗教从国家分离出来是极端的？借他人之口进行的对于《神道指令》之缺陷的指责，无论怎样，其结果都只是有利于借用者自己。①

大原在这里借他人之口认定的《神道指令》之缺陷，其一在于发出"将宗教从国家分离"这一指令的目的是基于事态之趋势的、非本意·非本质之物这一点，其二在于指令尽管要求国家与宗教分离，但在实施方面对于神社神道尤其严厉这一点。不言而喻，这两个缺陷互相重叠。像是被迫承担了国家神道的一切罪责似的，神社神道在《神道指令》中被作为解体对象而严格指定。——如同我们已经看到的，神社神道人对此进行的抗议，具体体现为对于指令中"国家神道"概念的重新认识。这里，则更进一步指出其另一错误——《神道指令》尽管提出了"国家与宗教的分离"这种总括性的、一般性的政教分离原则，却唯独对于神社神道严厉地下达了与国家彻底分离的指令。而且，如果甚至一般性的"国家与宗教的分离"原则也是由于事态之趋势而被附加的，那么该分离指令本身就必须被重新认识。这样，神社神道人对于《神道指令》的抗议，即从对国家神道概念的再认识，而引导出对于"国家与宗教的完全分离"这一政教分离原则本身进行再认识这种要求。

只要《神道指令》中的政教分离原则被看作在思想性方面与《日本国宪法》的原则密切相关，那么所谓《神道指令》再认识论必将作为《日本国宪法》的再认识论而展开。《日本国宪法》面向第二次世界大战后的世界再一次表明的作为世俗主义国家的政教分

---

① 大原从伍达德的论文中引用的指责《神道指令》之缺陷的言辞如下。"对于神社的学校参拜的总括性禁止，与其说是政教分离，〔不如说是〕宗教与国家的过于极端的分离，以及'国家神道'这一词语用法的混乱。"大原说这是伍达德作为《神道指令》之缺陷的"例证"而列举的。原则上的缺陷与运用上的缺陷被一并记载，这在论证方面是否足以为据让人怀疑。——原注

离原则，现在正伴随着其解释错误的被指出而被不停地重新认识。大原借助伍达德论证将《神道指令》作为指令"国家与宗教的完全分离"来把握这种错误，与此同时也得出结论——将宪法中的政教分离条文解释为"国家与宗教二者的完全分离"是错误的。就是说，他认为日本并非通过用 1946 年宪法再次表明世俗主义原则这种形式否认了历史中的自我的某种东西。

　　本节追踪、解析了大原所进行的再认识论。最后，为了维护被大原歪曲为再认识论论据提供者的伍达德的名誉，我引用伍达德著作中的一段：

　　　　邦斯在起草《神道指令》时所做的独特贡献，在于将打破神道、使其非国教化这一想法扩大成为"将一切宗教、信仰、教义从国家分离"这一普遍性原则。这样，《神道指令》拥有了国务省的政策决策者所不曾预想的普遍性质。但是，该指令因为那个被一般性地理解的名称，其普遍性不曾被广泛认识，反而被看成了占领军为惩罚神社神道而使用的鞭子。

　　邦斯（Bunce）承担《神道指令》起草工作时的身份是 GHQ的宗教科长。伍达德说的是：宣称"本指令之目的在于将宗教从国家分离"，标明《神道指令》针对的对象为"一切宗教"，这是赋予该指令以普遍性的邦斯的贡献。他绝对没有说该分离原则是事态之趋势所附加的非本来·非本质的替代物之类的话。不仅如此，伍达德还严谨地做了附加说明：该指令被神道方面作为专用于打击神社神道的鞭子来理解。此外，承担该《神道指令》起草工作的 GHQ

当事人们所共同认识到的"终极性目的",乃"去除神道再一次被作为普及军国主义与极端国家主义的媒介而使用的危险性"。——关于这一点,伍达德亦有记录。正是为了实现此目的而制定了《神道指令》,邦斯赋予了其目的以普遍性。应当认为,因为这里有了被给予的作为世俗主义国家之原则的普遍性,才有了《日本国宪法》中的政教分离原则。

6. 历史性的倒错

如果看穿了"国家神道"概念的再认识论延伸为对于《日本国宪法》所规定的国家体制的再认识,那么就没有必要再对大原的议论进行更深入的追究。将国家神道矮小化为制度史上的概念,就是拒绝将《日本国宪法》看作对于世俗主义国家原则的重新表述。《日本国宪法》规定必须再次否定的"国家神道"等,被认为本来并不存在。我们必须将宪法主张的世俗主义原则看作甚至可以比肩欧美的对理所当然的国家体制的表述。这里所谓的"理所当然的国家",即再次作为范型被发现的欧美的世俗主义国家。但是,这次它是清清楚楚地被再认识论者作为基督教世俗国家重新发现的。围绕政教分离原则的比较国家制度论——例如,关于在教育领域严格实施政教分离的美国,"只要遍观国家生活的全体,实在不能说是严格的分离。……因为美国这一国家自身本来具有基督教的性质,即使是今天,基督教在国家生活中也扮演着重要的公的角色。"——如这里所示,指出了基督教国家中国家生活的宗教性实态。[1] 先进

---

[1] 百地章,《欧美各国所见之政教关系》,收入前引《国家与宗教之（转下页）

的近代世俗国家自身拥有的宗教性或者祭祀性，伴随着政教分离原则的再认识而被重新发现出来。

行文至此我们被历史性的倒错感所冲击。在"明治宪法"的制定过程中，当事人从作为范型国家的欧洲诸国所看到的不也是那一点吗？他们并非仅仅看到由现代性的法律制度机构所构成的世俗国家。他们曾经看到的是由拥有基督教社会这种认同感，拥有国王、皇帝以及总统之类统治中心或国家理念这种集结点，以及共同拥有对于国家的忠心与献身精神的国民所构成的那种现代世俗国家。身处严酷国际环境的后进国日本被要求的，也曾是拥有新的民族性向心力与中心点的世俗国家的形成。固有的以 nation[1] 为理想的国体论契机，与世俗主义式的现代国家日本的形成基础难以避免地结合起来。

该世俗国家日本是作为何物而建立的？——我们已经将其作为历史的结果而拥有。而且，我在本章开头部分提前概括的也是这个国家的建立过程。但是，对于再认识论者来说，这种历史的结果好像不曾存在过。他们将国家与宗教（神道）的再次结合，作为理所当然的国家的理所当然的实体来要求，同时，他们试图重新认识显然是产生自该历史结果的《日本国宪法》的世俗主义原则。但是，那不外乎历史的颠倒。

我们从历史中持续看到的，而且现在依然在世界中看到的，难道不是自身居然拥有了宗教性与祭祀性的现代世俗国家以国家之名

（接上页）间——政教分离的思想与现实》。——原注

[1]　国民、国家、民族之义。原文用日文片假名书写这个英语词，显然是为了保持词汇固有的多义性。——译注

行使的暴力吗？难道不是发动战争的主权国家的亡灵的作祟吗？在非基督教世界以基督教世俗国家为范式，将行使暴力正当化、使以死相搏的献身正当化的神圣国家中——以无以类比的形式早早形成了此种国家的日本，表明了彻底的世俗主义原则，这在以国家和国家联合的名义施行的暴力与宗教名义下的对抗性暴力不断产生、恶性循环的现在，再次呈现出积极意义。——不应当这样思考吗？

第八章
"国家神道"这一遗产
——现代神社神道史的话语

须知，在此决定我祭祀之礼，并非基于宗教之信念，乃基于国家之感想。即，本邦祭祀以之为国家古来之特有仪式，以之为国种民族统一之表象，应当永久保存之。

——神官同道《神官设置陈情书》①

自悠久之过去至永远之未来，日本之永久国运被约定于保存永久不变之生命处。神道之祭祀所示者即为此。

——真弓常忠《神道祭祀》

1. "国家神道"的重构

现在所谓的"国家神道"，是在对于以战前日本国家体制为中心的战后批判话语进行反批判的话语之上被重新建构的，并且好像已经被收入 21 世纪日本所继承的遗产目录之中。对于被称作天皇制国家、在昭和前期被国体论的意识形态深深浸透的战前日本国家

---

① 明治二十三年十一月第一届议会召开之际由神官同道们提出的设置神官职位的陈情书。收入《宗教与国家》（日本近代思想大系 5），岩波书店，1988年。——原注

体制的批判，是在与占领军的日本民主化政策相并行、相重叠的同时，作为战后日本社会的主流批判话语展开的。构成其核心的国家神道批判，始于占领军下达的指向战前天皇制祭祀国家日本的制度性·意识形态性中枢的解散指示——所谓《神道指令》，而《日本国宪法》则将政教分离原则法律条文化，制定了否定国家对神社或者宗教祭祀进行公的参与的战后日本国家的原则。我认为，在全球性暴力冲突频发的 21 世纪的现在，这一国家不再祭祀的宪法原则与国家不再战的宪法原则，作为拒绝互相杀戮的人们建立的国家原则，具有重大意义。

但是，这两大宪法原则近年均遭到日本政府的蚕食，现在正在被明目张胆地践踏。在我正在撰写本书的 2004 年元旦，新闻节目报道了小泉首相第四次参拜靖国神社的消息。还说首相的这次靖国神社参拜是按照与普通的"初诣"①相同的日本人的文化惯例而采取的行动，应当能够得到中国以及其他国家的理解。努力将作为历史问题·政治问题的靖国神社问题消融在日本人的惯例等所谓文化问题中——这种言论所采取的立场，确实是试图采用针对国家神道批判的反批判话语的战略性立场。通过对于国家神道批判进行反批判而拯救出来的"国家神道"，现在被从日本人的民族文化这一基础上重新认识、重新把握，并且正要被作为国民性的神道祭祀重新交还给 21 世纪的日本社会。就是说，"国家神道"是在作为战后国家神道批判之反批判这一历史重新认识论式的近代神社神道史的话语之上，作为应当继承下来的近代日本的遗产而被重新建构的。我

---

① 日语汉字词汇中的"初诣"指新年第一次参拜神社等纪念设施。汉语中无对应词汇，故直接用之。——译注

在这里加引号使用的"国家神道"一词，指的就是在神社神道史的历史重新认识论话语之上被重新建构的国家神道。

2. 作为"反批判"的现代神社神道史

现在被看作神社神道相关书刊中公共性概论著作的《近代神社神道史》(神社新报社编)[1]，从对于"当今俗辈的国家神道批判"的反批判，开始其对于近代神社神道史的概述。被视为"俗辈"的国家神道批判，就像也被说成是"街巷间头头是道、煞有介事地流传着"的批判，指的是我上面已经谈到的国家神道批判的世俗化或者一般化话语。这种批判主导了战后日本社会的话语，是对于战前国家体制之核心国家神道的批判。

此时将作为战后话语的国家神道批判界定为"流俗"，意味着这一反批判式的再认识是作为"真正"的近代神社神道史被记述的。但是，所谓"真正"的近代神社神道史，就是通过对于国家神道批判的反批判，或者被作为反批判自身而被记述的神道史。可以说，现在所谓的近代神道史话语本质上是反批判的历史话语。作为反批判的历史话语的神道史，在既存的批判性历史话语中发掘否定性自我形象之虚构性的同时，借助被重新认识的过去的实像，一边重新构建肯定性的自我形象，一边力图将这种自我投向未来。所谓

---

① 《近代神社神道史》(神社新报社编)与其增补改订版(神社新报社，1986年)作为神社新报社编辑的出版物(神社新报社政教研究室，负责人为西田广义)，并非以个人性执笔者的名目发行，对于神社相关人士来说是具有公共性质的概论式著作。——原注

"国家神道"问题，现在就存在于该神社神道史的变异的反批判话语之中。

《近代神社神道史》作为"当今俗辈的国家神道批判"的论点而列举的，是如下两点：

> 一、国家神道在祭政一致、即政教一致的体制之下将神社作为"国教"加以保护，而与此相反，对于其他宗教施以种种压制，在那里完全看不到对于信教自由的保障。
>
> 二、国家神道时代的神社以及神职，在国教待遇的前提下享受到极其郑重的保护，成为军国主义的温床。神社人士现在也无法忘记那过去的美梦，企图以靖国神社国家护持问题等等为入口复活国家神道。

这是对现在被神社神道人非难为"俗辈"的国家神道批判论点，同时也是对"流俗式论点"的归纳。无论怎样，这里存在着由现在的神社神道人自我拥戴式地建构出来的国家神道批判的论点，即看作强加给自己的不白之冤的国家神道批判的论点。但是，如果就第二个论点而言，显而易见，是因为现在推进靖国神社国家护持问题的核心人物中有神社神道人，①而如果说唯有靖国神社被国家护持的体制才是国家神道，那么他们对于那种国家神道之复活的追

---

① 《近代神社神道史》在处理战后神道史的"后编"也专设了"靖国神社国家护持运动"一章，对该运动进行定位，说："与恢复纪元节运动并驾齐驱，作为广泛的国民运动二十年来持续不断，是现在依然在进行的运动。"——原注

求也是确确实实的。

不过，促使神社神道人组合出这种反批判的论点的，大概在于并非要求恢复国家神道时代所谓的神社以及神职的地位那种程度的高品位主张。从这种反批判论点的组合中传达出来的，是神社神道人对于近代史的这种怨恨之辞——国家神道时代的神社·神职地位的实际情形是悲惨的，实在不是能够成为军国主义温床的那种替代物。① 但是，如果说怨言是以未能实现的梦想为对象的叹息，那么这也成为梦想着某种复活的人的叹息。要言之，作为第二个论点存在的，并非国家神道批判的论点，亦非其他任何东西，而仅仅是神道人士的自我辩解所制造出来的论点。那么第一个论点意味着什么呢？

被视为庸俗的国家神道批判的第一个论点所表达的是：将神社作为国家的祭祀体系给予特别位置的国家神道式的国家体制，就是将神社神道作为"国教"的"政教一致"的国家体制，神社神道之外的其他宗教被压制，所谓信教自由之类不曾存在过。这一国家神道批判的论点之所以被《近代神社神道史》（下文简称《神道史》）视为庸俗，在于该论点将以神社为国家祭祀体系的国家神道体制与

---

① 由神社神道人所展开的"国家神道"曾为何物这一论述，是由对于"国家神道"这一制度上神社卑微的实像的展示以及与此同时发生的对于理应是"国家之重大祭祀"的神社遭到背叛的实况发出的叹息所构成。那种叹息与对于战后占领军发布的"神道禁止令"的怨恨相重叠，成为双重叠加的怨恨之辞。《神道史》也对神道史进行回顾，说："'国家神道'时代的八十年间，对于神社人而言，如果说那是不停地追究政府的此种暧昧态度与对神社敬而远之的姿态、持续地为神社作为'国家之重大祭祀'恢复其本质而奋斗努力的时代，毋宁说是恰当的。"（第一章概说）请参阅本书第一章《国家神道的现状》。——原注

"祭政一致"的神道国家体制等同起来，批判那种体制之下不曾有过宗教信仰的自由。尤其是在这种国家神道批判中神社神道被看作压制其他宗教、剥夺国民信教自由的国家神道体制的元凶，这激起了执笔撰写《神道史》的神社神道人的愤怒。

导致将神社神道视为元凶的国家神道批判在日本社会传播的原因，在于占领军发布的所谓《神道指令》——神社神道人士这样认为。就像这由占领军发布的"以将宗教从国家分离出来为目的"的指示被称作"神道指令"所显示的，该指令把神社神道与国家神道视为一体，而且，是基于将国家神道看作与国家主义式、军国主义式的国家日本等身大的元凶这种错误的国家神道观[①]——神社神道人士指出。[②]第一个论点中的国家神道批判成其为"庸俗"，确实是因为它是基于这种"错误的"神道指令。

那么，《神道史》对于这种庸俗的国家神道批判进行了怎样的反批判？或者说，通过那种反批判，怎样的近代神道史被重新认识、重新解读？

3. "祭政一致"的国家体制

关于被视为庸俗的国家神道批判论的第一个论点，《神道史》批判说：这种国家神道批判将《大日本帝国宪法》之下日本的"祭

---

① 日语汉字词汇的"等身大"意为与比较对象的"身体"同等大小。"等身"即"著作等身"的"等身"。为保留词汇原有的内涵，故直接用之。后同。——译注

② 关于神社神道人对于占领军所谓的《神道指令》所进行的批判，请参考本书第七章《两个世俗国家之间——国家神道发生的场》。——原注

政一致"与"政教一致"混为一谈。关于"祭政一致",《神道史》指出那是"明治维新之根本精神,贯穿了帝国宪法时代的大国是",那绝对不意味着"政教一致"。《神道史》阐述说这一作为日本国家之大国是的"祭政一致"在整个帝国宪法时代被进行了如下理解:

> 日本国之统治(国政)与日本国之最高祭祀,均为天皇之大权事项。祭与政均属于天皇之大权,不言而喻,此处存在着日本之政治与祭祀均立于同一基础之上这一精神意义。所谓"祭政一致",即就此而言。

"祭政一致"的国家是基于被视为天皇所拥有的祭祀与统治这两大权力而形成的——《神道史》说这是帝国宪法时代的理解。但是,《神道史》称之为"明治维新之根本精神"的"祭政一致",如同明治元年的冰川神社亲祭诏书所言——"崇神祇,重祭祀,为皇国之大典,政教之基本",[①] 那是将神祇祭祀作为国家存在的大原则,作为"政教之基本"。这正是《大日本史》"神祇志"篇表述的祭祀国家的理念——"夫祭祀乃政教之本所在,敬神尊祖,达孝义于天下。百种制度,皆由是而立"。

水户学面对幕末的国家危机而提出的祭祀国家日本的理念,曾经是其期待出现于未来的那个国家的理念。这一点我已经论述

---

① 明治元年十月十七日的《祭政一致之道御复兴冰川神社御天皇亲自祭祀之诏书》。《神社读本》(全国神会编,1940年)从这份诏书开始撰写题为"敬神之大义"的第一章,表明作为"皇国之大典"的"祭政一致"应当是被置于这份诏书的意义上来理解的。——原注

过。① 在距离水户学对这种祭祀国家进行阐述大约一个世纪之后的昭和日本，庆祝皇纪两千六百年之际，为进行公民教育而编写的《神社读本》②，在对上引《大日本史》中那段话归纳的祭祀国家的传统进行叙述的同时，说："这样的信念与事实，成为神自身的道的源泉，成为神国日本的国家基础。"恰恰是将神祇祭祀视为国家之大典、视为政教之基础的祭祀国家的理念，才应当是明治维新力求将其变为现实的理念，是整个近代史上神社神道人所维持并一直祈求其变为现实的理念。由此看来，《神道史》作为"明治维新之根本精神，贯穿了《大日本帝国宪法》时代的大国是"而表述的那种"祭政一致"，或许应当说是以《大日本帝国宪法》为前提重新解释、重新建构的国家理念。或者，那种以"天皇大权"作为"祭祀"与"统治"的根据来谈论"祭政一致"的推理方式自身，会被认为是根据各种帝国宪法解释而合成的"祭政一致"这种理解的产物。

总而言之，《神道史》是将祭祀国家的理念作为适合于《大日本帝国宪法》，即并非"政教一致"而是"祭政一致"的国家理念进行重构，指明这才是帝国宪法时代的一般性理解。不仅如此，《神道史》还说：这个"祭政一致"是与"政教一致"不同的"祭教分离"，正因为如此，"祭政一致"在现代依然是能够通用之物。

无论如何，《神道史》阐述的是："明治维新之根本精神"的"祭政一致"在"天皇大权"这里拥有存在根据的同时，作为贯穿

---

① 参阅本书第五章《祭祀国家的理念——〈新论〉与危机政治神学（其二）》。——原注
② 前面的注释中提及的《神社读本》，即迎接纪元两千六百年之际全国神职会作为其纪念事项之一而策划、编纂的《公民教育神社读本》。执笔者为河野省三。——原注

了《大日本帝国宪法》时代的日本国家原则而持续存在过。而且，《神道史》认为，这作为国是的"祭政一致"，祭祀与政治均基于万世一系的天皇的まつりごと^①这一相同的理念基础，绝不意味着祭祀与政治的混淆。意思就是：政治与祭祀尽管同样是天皇行使大权的行为，但是是通过不同的行使机关，不曾发生相互侵犯之事，因此日本的"祭政一致"与西欧中世纪的"政教一致"（theocracy）是完全异质的。就这样，《神道史》得出了在整个帝国宪法时代"信教自由·政教分离的原则与'祭政一致'的制度这二者的并存被确信为是理所当然的"这种结论。

不过，《神道史》将"祭政一致"这一国体性原理的存在根据置于超出了立宪政治体制的"天皇大权"之中，这种推理方法，与穗积八束解释帝国宪法的推理方法具有结构性的类似——穗积将立宪政治体制"政体"作为从属性的下级概念来论述君主制国家体制"国体"。^②就是说，《神道史》将"祭政一致"性质的国体的原理，作为超出了宪法政治体制（政教关系被追问的宪法政治体制）的日本国的大国是置于上位。就像下文将要论述的，《神道史》将这种"国体"与"政体"的结构性分离称为"祭教分离"。

---

① 这个日语平假名词汇的汉字写法有两个，一是"祭事"，二是"政"，可以勉强译为"祭政之事"。后同。——译注

② 穗积八束将"国体"定义为"国家主权在于万世一系之皇位。此为我国千古之国体"。进而，关于"政体"进行解说，曰："统治权之共用分派于大权、立法及司法，大权之行使待于国务大臣之辅弼，立法取决于帝国议会之赞同，司法独立、由法院执行。各机关分立而不相混同，统治之全权统揽于皇位保持统一。此为我明治立宪之政体。"《宪法之精神》，收入《穗积八束集》（长尾龙一编，信山社，2001年）。——原注

《神道史》指出：对于作为帝国日本大国是的"祭政一致"并非"政教一致"这种理解，从国家神道批判者那里也许会出现下面这种反批判，即，"无论进行怎样的诡辩，'祭祀'都是被'宗教'所包含的，祭政一致即不外乎政教一致。而且在《大日本帝国宪法》之下神社明显是被作为国教而优待，《大日本帝国宪法》所谓的政教分离只不过是欺骗之辞"。针对这种批判，《神道史》提出反论，指出这"不过是无视了帝国宪法之下已经确立起将祭祀与宗教区别开来的宪法理论这一事实的空洞议论"。《神道史》是用"祭教分离"一词来把握帝国宪法之下"祭祀"与"宗教"的区别。帝国宪法之下的"祭教分离"，就像在前面已经看到的，意味着政教关系被追问的立宪政治体制与超越其上的上位"祭政一致"国体的原理这二者之间的结构性分离。关于这帝国日本国家体制的"祭教分离"，《神道史》说"当时的政府进行了那样的解释，那是日本国民共通的说法，不仅如此，即使是佛教、基督教相关人士，亦无对那种祭祀与宗教的区别持异议者"。进而，《神道史》还用"即使是以战后的新宪法为根据，'祭教分离'的法理论证也是能够完全成立的"这种言辞进行补充说明。

论述至此，《神道史》这一作为对于"俗辈国家神道批判"之反批判的话语所要辩证的是《大日本帝国宪法》下的什么？进而要向《大日本帝国宪法》规范下的我们推销什么？——这两个问题已经一目了然。

4．"祭教分离"的国家体制

《神道史》通过对国家神道批判的反批判，辩证了《大日本帝国宪法》之下"祭政一致（祭教分离）"的国家体制。那是超越了政教分离的立宪政治体制的帝国日本的大国是，或者是应被称为"国体"的国家原理。万世一系的天皇是"祭祀"与"统治"这两种まつりごと的最高祭祀者·统治者，而"祭政一致"的国家体制，就是在天皇这里获得"祭政一致"的确立根据的同时，作为国家祭祀体系，通过制度性·国家意识形态性的重新组合而构成的天皇制祭祀国家的体制。在此过程中，它在国家方面将神宫·神社作为纯神道的祭祀体系吸收进来。

通过将神宫·神社作为纯神道的祭祀体系进行吸收而形成的这种天皇制祭祀国家体制，作为"国体"被用超出立宪政治体制的形式区别出来。佛教与基督教等等以及与国家式祭祀体系（国家式神道）相区别的所谓教派神道，在立宪政治体制之下曾经是被认可的宗教。《神道史》所谓的"祭政一致"即"祭教分离"，包含的就是这种意思。"祭政一致"即"祭教分离"，也就是"国家祭祀"与"个别宗教"的分离——就这样《神道史》掩盖了一个事实：通过这种分离而产生出来的是天皇制式的祭祀国家体制这一巨大怪物。

"祭教分离"所产生出来的，是天皇制祭祀国家体制这一"国体"。恰恰是那个"国体"，统治、压迫着 1945 年之前的日本的国民生活，甚至统治、压迫到精神内部。现在依然通用的所谓"祭政一致（祭教分离）"的国家日本这一埋念，是《神道史》在掩盖天皇制祭祀国家日本的同时在自我拯救式的反批判话语之上制造出的替代物。

不过，通过将"国家祭祀"和"个别宗教"进行分离、区别而形成的天皇制祭祀国家，如果结合明治日本所处的国际环境来考虑，可以说是两种要求互相冲突与融合而形成的产物——一种是日本应当以欧美先进现代国家为基准作为世俗现代国家而形成这一来自内外的要求，一种是对于拥有国家统合性的现代国家日本的自立性形成的要求。

本来，被明治日本作为范本的世俗现代国家乃是以基督教社会为基础的欧美式国家。[①]欧洲的世俗国家也是通过基督教完成国民统合的国家，这也曾经被日本的指导阶层认识到。而且，当政教分离与信教自由的要求被从国家外部提出的时候，所谓应当是自由的宗教当然就是基督教。——这也曾经被认识到。

如果在这里进行归纳，那么可以说在明治时代的国际性·国内性话语环境之中"宗教"绝非中间性概念。在日本近代史中"宗教"为何物？——这一问题是在明治初期与欧美的文化、政治交流关系之中，甚至是在国内以政教关系为中心的抗争话语空间之中被规定下来的。[②]那并非仅仅是"宗教"。"神社"以及"神道"也同样是在与"宗教"的对抗关系之中被规定下来的。明治日本这个国家，是将个别宗教置于立宪制式政教分离的政治体制的水平线上，而国家自身则通过天皇制国家祭祀谋求那种终极性的中心化与全体

[①] 关于非欧洲地域的现代化作为范型而拥有的欧洲式世俗主义现代国家问题，我在本书第六章《现代国家的形成与宗教——世俗主义现代化与宗教民族主义》中已经进行了论述。——原注

[②] 加藤玄智在讨论翻译词汇"宗教"的形成过程时指出："如果从'宗教'这一日本译语的形成历史来看，显而易见，如同佛教、基督教二者，仅仅包含着世界性（个人性）宗教，'宗教'的日语翻译被研究出来。"（《神道精义》，大日本图书，1938 年）另外，新田均在《近代政教关系的基础性研究》（大明社，1995 年）中就"宗教"一词的意义进行论述，同时指出："信教自由论与政教分离论等观念的普及，迫使政府不得不确定在行政上被认定为宗教之物。"在日本近代史上"宗教"的意义确实就是那样被规定下来的。——原注

性的统合。无论是"宗教"还是"神道",其意义都是在明治国家
的政教关系之中被规定的。

5. 何为"宗教"? 何为"神道"?

《神道史》所谓的"祭政一致(祭教分离)"的国家日本——
即我所谓天皇制祭祀国家日本——的形成过程,就国内而言,曾经
是以国家的政教关系为中心的、激烈的话语抗争过程。这一过程也
是企图对作为战后话语的国家神道批判进行反批判的神社神道人追
求"国家神道"的实像、在制度史与话语史的层面上进行细致追踪
的过程。[①] 苇津珍彦等神道人作为神社神道的宗教性形式化而得出
结论的这一"国家神道"的形成过程,也就是"神道是宗教? 不是
宗教? "的议论被归结于"神社神道乃非宗教之国家祭祀"这一公
权式解释的过程。[②]

在这里,我并不依据那些言论对被苇津们作为神社神道之不幸
进行回忆的该"国家神道"的形成过程进行重新梳理。应当说,我
依据此类议论进行梳理的,是"宗教"与"神道"二者是怎样相互
规定、相互制约的。一方面,"宗教"通过拥有某种意义而形成,
另一方面"神道"是包含着怎样的意义而形成的。

---

① 进行这种追踪的代表性著作是苇津珍彦的《国家神道曾为何物? 》(神社新
报社,1987 年)。——原注
② 从"神道非宗教"论向"神社非宗教"论——这样将有关对于神社神道来说
不幸的"国家神道"形成过程的讨论图式化的,依然是苇津珍彦。——原注

一、明治初期，大教院中被神道主导者分派了传教任务的佛教徒在主张与神道不同的宗教性的同时，向政府提出了自立性宗教活动自由的要求。我们首先看看他们的话语。这是近代政教关系史上被作为从神道外部提出的"神道非宗教"论而区别出来的话语。

> 从前神官之职，仅司祖宗之祭祀，未闻有创其教者。故此儒佛二教为其所用，自古昔以至于今。时官先自用之，继而传于众庶。……其上古无神教，了了可见。而方今新创其教，新设其教院亦非无理。然就佛教言之，诸宗各有教院，大中小皆备而无欠，奚待劳而新创乎。①

岛地默雷要求真宗派摆脱大教院体制而独立，因此他对政府给神社以与儒佛二教同级的待遇、甚至在神社中给"天"以"国教"位置的做法提出了强烈质疑。那种与儒佛二教相提并论的神教存在过吗？神社与神官难道不是古来的祭祀设施、掌握祭祀的职位吗？那绝非与教育、学术相关的教院或教职。神教（神道）与教院一样，此时则经政府之手被新造出来。对此，岛地说的是：佛教已经完全具备了以教义之学、教院、教职为主的、作为宗教的实体。基于此种认识，岛地要求政府·朝廷不要将"政教"混为一谈，表达了"朝廷公正其间而无偏颇，使各教自存自立，臣等决心摆脱官府

---

① 岛地默雷撰写的《大教院分离建议书》（明治六年），收入前引《宗教与国家》（日本现代思想大系5）。——原注。译者说明：岛地默雷（1838—1911），山口县人，净土真宗本愿寺派僧人。主张神道与佛教分离，且主张废止大教院制，致力于推动日本佛教各宗派的现代化与独立。对日本红十字会的创建亦有贡献。

之羁绊使其独立"的愿望。

以神社为"国家之宗祠",此时神教(神道)作为"政教一致"国家的"国教"正在被创立——这就是佛教徒岛地怀着强烈的危机意识所把握的明治六年的政教状态。作为"政教一致"国家的"国教"的神教(神道),从前未曾存在过,它是此时与明治国家一起正在被制造之物。岛地们基于对此种政教状况的认识所采取的战略,就是对朝廷·政府提出的政教分离要求,与作为"国教"此时正在被创造出来的神道的脱宗教化主张。当此之际,对于神道的脱宗教化要求,在自己一方已经在持有"宗教"概念的基础上被提出。所谓"宗教"必须拥有服务于教学与训导的设施和组织,进而作为对于信仰者的教诲,必须拥有建立在每个信徒的信念之上的基础。与此种信教自由相关的宗教的性质,与将神道作为祭祀推动其脱宗教化这一主张的反面相伴随。

明治时代的佛教改革者大内青峦[1],在要求政府在政策、行政的对应方面将神道与佛教分离的建议书中,首先就佛教、耶稣教等宗旨(宗教)所具有的特质进行了论述,然后指出神道"绝非宗旨之事",说:

> 　　夫佛教耶稣教等等,凡倡宗旨者,必有其千古不异奉事之处。或涉二世三世,或说幽界冥理,示因果报应,要在发于见闻觉知未及之所,生而正其心情,死而安其灵魂。

---

① 大内青峦(1845—1918),仙台人,佛学家。创办杂志《报四丛谈》、报纸《明教新志》,组建尊皇奉佛大同团,为明治时代日本佛教界领导者。著有《碧岩集讲话》等。

其所奉祀之神，虽有一神或众神之别，然必为幽冥莫测之神，非祭祀同种人类之神。

我国之神道绝非如此。其所奉事之神，自皇上之祖先，历世之神灵，至臣民之贤哲，皆以神祭之。……皆以有人臣之功劳者为神而祭之也。而所事之法，本非二世三世说幽谈冥，唯以忠孝信义之至诚，祭君父及功劳者而已。岂谓发于见闻觉知之外、安人民死后之心魂哉。古来吾国典礼，崇敬神祇，郑重祭祀，以使知其忠孝信义所在，民乃质朴靡然受其感化。可谓君臣祭政一致之典型，万邦无比之美事。……概神道者，吾国祭政一致之典礼，绝非幽界冥理之宗旨。

夫神道为祭典祀事之盛礼，即仅为追孝我皇上之祖先，以及慰劳有功劳于臣民之天下、有恩德于人民之魂灵者之道。若以祭祀崇敬吾皇上之祖先为宗教，则于皇帝圣灵之不灭，信者自信，不信者则嘲笑之。皇帝圣灵即等同于诸宗法教之神佛也。……且夫祭祀若为天下之礼，则官社令天下，国社令全国，府县社令其府县，人民虽奉之，若以之为宗教，则不得不委于民之信与不信。若欲强使信之，而其思想不信，则一无所能。①

---

① 大内青峦向左院提交的建议书《神佛混淆改正之议》，引用自阪本是丸《以祭政一致为中心的左院的"政教"论争》（《国学院杂志》第 82 卷第 10 期，1981 年）公布的资料。着重号为引用者所加。——原注

通过国家应当在政策、行政层面上将神道从佛教等分离、区别出来这种议论，"宗教"与"神道"在话语层面上不是各自作为概念被清晰地定义了吗？就是说，佛教·基督教为幽冥之间深不可测的神佛，为以对其救赎之教的信仰和信心——存在于各类人士之中的信仰和信心——为前提的"幽界冥理"的宗旨，而与此相对，我们的神道并不以各处存在的信与不信为前提，而是我国之祭典。何为"宗教"？何为"神道"？这并非是由辞书解释式的概念而构成，而是由以近代政教关系为中心相互定义、相互抗争的话语制造出来的。

第三段引文的结尾处大内青峦所言"若以之为宗教，则不得不委于民之信与不信。若欲强使信之，而其思想不信，则一无所能"是重要的。就是说，如果敬神崇祖的神道祭祀是以相关人士的信或不信为前提，那么国家祭祀的整体性不就不成立了吗？在这里，通过与以单个信仰者的"信"为前提的宗教的对置，敬神崇祖的神道祭祀的立场将国家性或共同体的整体性——与前者中信徒的个别性相对的国家性或共同体的整体性——作为特质而拥有。这种结果大概出乎佛教一方以神道的脱宗教化或者非宗教化为目标的战略性话语的预设之外。在这里，将"神道"与"宗教"区别开来的神祇祭祀的国家式全体性与宗教信徒的市民式个别性，作为政教分离的逻辑带来了佛教等宗教的自立性活动的自由，与此同时，也承认与天皇制国家同一化的祭祀性神道（国家神道），用附属于此的"宗教"这一国家框架内部的位置规范佛教，等等。另一方面，恰恰是神道作为神祇祭祀而包含的国家性全体性质，才使这样一种行为——神社将自己作为有异于宗教的国家祭祀体系进行规定的同时，以"祭政一致"的国家理念为基础主张在国家中的特权——成为可能。神社作为非宗教祭祀体系而要求正当位置的国家，就是现在已经拥有了宪法的立宪国家。

二、随着《大日本帝国宪法》的制定，全国神职人员中有人提出了设立"神祇官"的要求。那是作为"复兴运动"而提倡的——所谓"复兴运动"，即神职人员谋求在名与实两个层面将国家中神社的位置向明治新政开始之际被作为"国家之重大祭祀"的那种位置进行复位。但是，"复兴运动"并非仅仅是复古的要求，也是对于立宪国家中神社作为"国家之重大祭祀"的正当而又合法的位置的要求。在此种要求之中，神社将自己作为神祇祭祀与佛教等相区别，通过这种区别，作为天皇制国家中的祭祀体系的神社，将国家性与民族全体性据为己有，并强调自身作为"国家之重大祭祀"的正当位置。

就这样，神社通过将自己作为与宗教性的神道（神教）不同的祭祀性神道（神祇教）来进行基础奠定工作，试图成为立宪式日本的"祭政一致（祭教分离）"国家中的新"国教"。近代政教关系史，将这种"复兴运动"的立场作为从神道内部阐述的"神道非宗教"论进行区分。该"神道非宗教"论就是"神社非宗教"的主张，这种主张作为国家神社体系的神祇祭祀，即作为"国家神道"，在法律制度的层面上得以实现。

夫天神地祇，均在祖宗与祖宗之臣民，皆在效力于国家之创始与守成者。由是，当知我祭祀之礼绝非基于宗教之信念，乃基于国家之感想。即本邦之祭祀为国家祖传之特有仪式，须以之为国种民族统一之表象，永久保存。

　　夫大小神社，为皇祖皇宗，为臣民之祖宗，即国家之重大祭祀。神祇道乃国家祖宗之遗训。轻侮神祇道，即轻侮皇室、轻侮国家、轻侮国家之祖宗，亦即轻侮轻侮者之祖先。[①]

这里明确表达的是：神社中的祭祀之礼并非基于宗教性的信念，而是基于国家的理念。进而，所谓"大小神社，为皇祖皇宗，为臣民之祖宗，即国家之重大祭祀"，即主张神社通过祖宗祭祀来奠定天皇制国家中国民（臣民）的基础。神社乃神祇祭祀设施，与此同时，也是通过将其视为神祇祭祀自身的精神性、制度性表现而达到与天皇制国家一体化，将国民（臣民）共同体作为基础。[②] 不过，神社乃"国家之宗祀"、轻侮神社即"轻侮国家"一语，即使是立足于神社人之危机意识的发言，也给人以提前使用了将日本社会中持不同观念者称作"非国民"之类的极权主义天皇制国家的语调之感。将自己与国家同一化而展开的话语，不可避免地会带有这种倾向。那是从现在的追求国家复权的神社神道人的言语当中同样能够看出的倾向。

---

① 神官同道《神官设置陈情书》（明治二十四年一月），收入前引《宗教与国家》（日本现代思想大系 5 ）。着重号均为引用者所加。——原注
② 前引《神社读本》在对"神社"进行定义的时候这样说："神社为奉事皇国之神、举行公的祭祀、拥有理应为一般国民参拜之设施的神圣性、制度性体现。"这可以说是现代日本最后完成的整体性"神社"定义。——原注

三、如上所见，不仅在国家的理念上，在行政操作层面上也要将神社乃"国家之重大祭祀"在名与实两个层面进行恢复的神社人的运动，是作为"神社非宗教"论展开的。以神社为非宗教，同时也就是神社通过神祇祭祀获得国家性（国民性）；从国家方面而言，则是将神社作为国家的祭祀体系制度化、组织化。一般认为，通过要求设立"神祇官"、进而要求设立"神祇特别官衙"而展开的神社人的运动，通过明治三十三年（1900）神社局被内务省作为六局中首位之局而设立，获得了阶段性成果。因此《神道史》才说："经由神社局的设立，神社那种暧昧的二重品格得到清理，在国家的制度上从宗教完全剥离出来。在明治五年宫中三殿设立之际，甚至在明治十五年的神官教导职分离过程中也未能实现的'祭教分离'，至此在政治层面上暂告结束，所谓国家神道在此时被确立。"

神社在国家法律制度上被给予了有异于佛教、教派神道等各种宗教的地位与行政机关职能——《神道史》据此陈述"祭教分离"的制度性完结，即所谓"国家神道"的确立。该"国家神道"，即意味着通过神社被国家的法律体系完全涵盖而形成的、被作为从诸种宗教区别开来的国家祭祀体系的神社神道。该书认为：被与宗教从根本上区别开来的国家祭祀体系——在此意义上即"祭教分离"的"国家神道"，作为构成立宪国家的"祭政一致"国家体制之物，合法地形成了。

《神道史》作为近代"祭教分离"的结果进行表述的这种"国家神道"，却被苇津珍彦等神道人作为神社的神道性、宗教性形式化加以指责。这种"国家神道"表述的是在内务省的官僚统制之下被合理化、秩序化的全国性神社体制，那是将神社进行神道式的形式化,"是将神社与神道作为无信仰、无精神之物进行空洞化。"
(《国家神道曾为何物?》)——苇津珍彦用日本浪漫派式的反现代
主义语调展开了严厉批判。

6. "国家神道"这一遗产

神宫·神社在法律制度层面上被作为国家的祭祀体系而吸
收——被看作是通过这种吸收而形成的"国家神道",如同从上面
已经看到的,处于神社神道人所进行的那种既爱又恨、臧否交加式
的评价之中。不过,这种矛盾性的评价好像是与那种气氛——不仅
仅是将"国家神道"作为"负"来认识,更可以说是试图将其作为
正的遗产来继承的气氛——在神社神道界产生的同时出现的。那也
可以说是来自于神社神道史的论述自身所具有的两义性产物。——
从对于支配了战后世界的国家神道批判进行反批判这一意识形态论
争式立场展开书写的现代神社神道史,将与战前的天皇制国家等身
大的国家神道脱意识形态化,将其作为近代合法的"祭政一致(祭
教分离)"国家的祭祀体系即作为"国家神道"彻底拯救出来。

总而言之,"国家神道"正在被神社神道人作为正面遗产来继
承。在此过程中,"国家神道"能够成为正面遗产的,是神社在政
教分离的抗争过程中获得的作为神祇祭祀体系的国家性与民族整体
性。认为唯有神宫·神社的祭祀才是形成日本民族共同体统合的源
泉,主张继承"国家神道"遗产——神社神道人已经面向现代日本
社会提出了这种新的文化论·民族论式话语。

　　进而,通过祭祀,不仅在遥远的过去与现在、与未来

这种时间的连续中获得自觉。共同体的祭祀意味着：与自己所住之村的人们相结合是不言而喻的，进而，邻村与相距遥远的地方，从日本列岛的这一端到另一端，大家举行相同的祭祀，天皇也用国家规模来进行统合的形式举行那种祭祀。换言之，模仿天皇举行的祭祀，村村镇镇也举行祭祀。因此可以认为，祭祀亦为日本民族、日本国家这一共同体进行统合之本源。[1]

不过，在这里，当作为"日本国家这一共同体进行统合之本源"的神道祭祀被表达出来的时候，"神道"已经将"神道乃通过祭祀而形成的宗教"这一新的宗教概念作为自有之物。即，与"宗教"分离、作为"祭祀"进行自我规定的"神道"，作为祭祀性的神道提出（主张）了新的宗教概念。那种宗教就是无可争议的国家所有的、作为支撑着国家性·公共性祭祀的民族文化的祭祀神道。政教分离的问题必须在新的维度上即在国家的祭祀性这一维度上被重新追问。

---

[1]　真弓常忠，《神道祭祀》，朱鹭书房，1992 年。——原注

第九章
神道与现代宗教学
——神道乃国民型宗教

> 必须说，如我国的祖先崇拜与神道（神社）等，如果从中将其
> 宗教性意义全部剔除出去，那么在其实质上的主要部分，即成为彻
> 底枯死之物。
>
> ——加藤玄智《神道之宗教学式新研究》

1. 地球依然在旋转

在东京帝国大学举办神道讲座的加藤玄智（1873—1965），曾
在其《神道之宗教学式新研究》[①]中从比较宗教学的立场出发致力
于对"神道"概念进行现代化的重新建构。那么，加藤是怎样进行
这种重构的呢？考察这一问题之前，首先看一看加藤那种明确显示
了这种重新建构所直接面对的问题状况的言论。加藤援引了伽利略
的事例，即伽利略地球转动说的事例，所谓"反对论者诉诸暴力，
试图使其闭嘴，但尽管自己不说出来，事实上地球不是正在旋转
吗？"加藤要表达的是：无论"政府当权者怎样拒绝称其为宗教"，
但日本基督教徒们能够证明"神道或神社"确实就是宗教。这里尽

[①] 大正十一年（1922）初版。笔者参考的是昭和九年（1934）的改订增补版，
甲文堂书店刊行。——原注

管是将基督教徒作为例证拿出来，但宗教学家加藤玄智还是模仿伽利略，强调说无论日本政府当局怎样说神道（神社）不是宗教，但"神道（神社）是宗教"之说乃为真理。

由这位伽利略模仿者加藤玄智提出的"'神道乃宗教'为宗教学式的真理"这一观点，是以围绕近代日本政教关系的政治状况和历史状况为前提的。如同前一章①已经涉及的，近现代日本的国家神道体制是将神道（神社）作为国家性祭祀体系非宗教化，将佛教、基督教或教派神道等等祭教分离式地内含于国家神道体制之中，从而得以形成。②将现代世俗主义国家的政教分离原则作为祭教分离来推行——作为这种推行的结果，近代日本出现了怎样不伦不类的神道式国家，现在暂且不论。这里仅仅指出：那种伽利略式的主张是以将神道（神社）与各种宗教区别开来的国家祭教分离政策和国家神道体制为前提的。

加藤说这种国家体制造成了这样的问题。"〔基督教徒之中〕政府当局无论怎样用神社否定宗教，但事实本身会说话，因此在神社参拜方面，或者在神社举办的祈祷战争胜利的活动方面，发生拒绝参加的事情，时常在教育界引发问题。"他是说出现过此种事态。面对此种事态，无论政府怎样试图说明神社并非宗教，但因为"事实上是宗教"，所以"信奉从外国直接输入的基督教的人们

──────────

① 本书第八章《"国家神道"这一遗产》。——原注
② 本书所说的"神社（神道）"或者"神道（神社）"固与加藤所谓"神社或者神道"这一说法相适应，但是是将以古来的神宫·神社为基础、和神宫·神社密不可分的神道与教派神道区别开来指称。另外，被看作在近代史上与这种神社（神道）处于对抗关系中的"キリスト教"本书表记为汉字的"基督教"。——原注

终于实在无法保持沉默，宪法中的信教自由问题等立刻被提了出来"。——这是加藤要说的。面对这种事态，神社在其性质上，"如果那是宗教的话，公开承认它是宗教为宜。应当深刻认识到，在真理面前，任何事物都不得不屈服。"——作为宗教学家的加藤这样说。不过，加藤说这种话并不意味着他引基督教徒为同道、主张改变国家神道体制。相反，如同"中了西洋之毒的基督教徒""信奉从外国直接输入的基督教的人"这种说法显示的，彻底流露出歧视意识的国粹宗教学家加藤表述的是：应当将构成国家神道体制的神道（神社）作为宗教公开承认。但是，那种宗教并非与基督教平起平坐之物，毋宁说那是作为构成我们"国体"之基础的国家·国民的宗教。

这里，宗教学家加藤作为课题在宗教学意义上对"神道"概念的重构是以怎样的历史事态为前提的，已经一目了然。

2. "神社对宗教"的问题

加藤著作《神道之宗教学式新研究》的序文是这样开头的。"我国的神社或神道，与佛教、基督教二宗教这种我国现存的宗教之间，时常发生摩擦。所谓对神社的不敬事件、同类的稻草绳问题，如此等等。而且每当其时，中小学校的国民教育实地指导者便为此烦恼。此类事例绝不少见。"[①]

加藤撰写这部宗教学著作，是以始于加藤身处的大正末年的日

---

① 稻草绳在日本文化中具有特殊意义。其搓法有讲究，绳中夹纸穗，悬挂在神殿前是表示禁止入内，新年前后悬挂在门前是求吉祥。——译注

本社会、直到现在依然在重复的现代日本的宗教纠纷为前提，并且是出于必须给此种纠纷以"根本性的说明与解释"这种宗教学家的使命感。那种宗教纠纷被作为"神社对宗教"的问题来把握。所谓"神社对宗教"这一宗教问题，给人以概念使用混乱之感，所谓相对于"神社"而言的"宗教"，是指关涉到近代日本的政教问题、与神社（神道）保持对立·抗争关系的"像佛教、基督教那种存在于我国的现有宗教"。"神社对宗教"的问题，是指神社（神道）与佛教、基督教这种现有宗教，尤其是与被看作外来宗教的基督教之间的问题。

加藤谈及"神社对宗教"问题，但是，如同从加藤的序文所列举的事例中能够看到的，实际的宗教纠纷是发生在国家神道体制与基督教等特定宗教及其信奉者之间的问题。或者说，如同加藤自身将急于解决的宗教性课题详细论述为"与吾国国体具有重大关系的神道或神社与宗教的矛盾冲突、一致调和之类的实际问题"，是在与国体性质的神道（神社）之间发生的问题。不过，加藤尽管是作为宗教学者试图着手解决这一问题，但是自觉意识到该问题的重要性、并急于解决该问题的，并非宗教学者加藤玄智，而是国体主义者加藤玄智。这是因为他认识到"神社对宗教"这种纠纷会给日本国的国体带来危机。

对于这种宗教纠纷，如果像政府当局那样仅仅是"将神社疏离于宗教圈之外，全部从国民道德方面操作"，那么神社崇敬作为国民性质的礼仪大概将仅存外形，丧失精神，沦落到可以称之为空壳的状态。这样一来"用神社统一国民精神即成为不可能"。——加藤这样说。即，"神社对宗教"问题是被作为国体的危机来认识的。面对这种危机不能用神社的非宗教化这种简便的解决方法，而是需要本质性的解决。——此乃加藤之立场。所谓"本质性的解决"即公开将神社（神道）作为宗教。但是，那所谓的宗教并非与基督教等等同质的宗教，而是作为日本国家国民精神之基础的那种宗教。那是怎样的宗教？回答这一问题的比较宗教学家加藤玄智登场了。

3．神道与比较宗教学

现在，加藤玄智作为比较宗教学家试图完成将神道（神社）作为宗教进行重新定义这一课题。比较宗教学是与比较语言学、比较民族学、比较神话学等等一起由近代日本的学院派引进，为文化学诸学科的研究打下方法论基础、在 19 世纪的欧洲建立起来的学问。随着从中东至印度乃至中国的殖民地经营范围的扩大，由 19 世纪欧洲带入的大量文化信息增强了对于东方的文化的、知性的关心。继埃及象形文字被解读、亚西利亚的楔形文字也被解读，印度的梵文·巴利语文献也被频繁介绍到欧洲。对于宗教文化的关心与对于东洋语言文化的关心同时增强，以至于催生了宗教的比较研究。就这样，比较宗教学从关注对于欧洲而言是异质的宗教文化开始，作为对诸种宗教进行对比性理解与研究的方法而形成。一般认为是曾为埃及宗教研究者的荷兰的提莱（1830—1902）率先对宗教进行了体系性的比较研究。这种诞生于欧洲的比较宗教学被引入日本，横井时雄与姊崎正治等人组织比较宗教学会，是在明治二十九年（1896）。[1]

在产生自欧洲的比较宗教学中，基督教一方面构成了比较研究

---

[1]　参照岸本英夫《宗教学》，大明堂，1961 年。——原注

的轴心性视角，同时，基督教也通过与诸种宗教的对比研究而被相对化。在比较研究中被作为对象的宗教已经是多样性的文化现象。这里所谓的宗教乃宗教现象，而非构成神学体系的那种宗教性伦理观念。宗教研究在非基督教世界的日本作为比较宗教学而成立的原因大概也在于此。具有民族性质的宗教现象第一次成为研究对象。这样，不仅是比较宗教学，使用比较研究这一方法论视角的以语言学为首的民族学、神话学等产生自近代欧洲的学问体系也被引入日本，规定、引导着 20 世纪前期日本文化学各项研究的方向。近代日本的这种拥有比较研究这一方法性视角的文化学研究，通过将日本的语言、神话传承、宗教礼仪以及行为方式等置于与世界、亚洲诸地域同类事物的对比关系之中，使其成为研究对象。比较研究是分辨那诸种文化现象的特色，将其分类，进行系统化和类型化，进行体系性的理解，在此过程中对其进行记述。这种比较研究赋予近代日本文化学以作为普遍性方法论学问的性质，但同时也使近代日本具有全国性质的学问得以形成并发展起来。如同比较语言学促成了现代国语学这一事例代表性地体现出来的，比较民族学促成了具有国家品格的民俗学的形成，而且比较宗教学促使作为宗教研究的神道学得以形成。从这里，我们能够重新回到比较宗教学者加藤玄智所面临的课题。

对于以"神社对宗教"问题这种形式呈现出来的冲突，作为宗教学者的加藤玄智试图给予怎样的解决逻辑呢？将神社（神道）作为宗教，逐步承认其在国家中的优越地位，并且回避与佛教、基督教二者的冲突。——这样的宗教是怎样的宗教？这个问题就是比较宗教学者加藤所要回答的。

4. 宗教的差异与类别化

对于比较宗教学家加藤玄智来说，所谓宗教，并非构成"神社对宗教"问题的单方面的宗教。即，不是在围绕明治初期大教院与教导职的佛教徒抗争话语中，或者是明治中期神社人提出的神祇院复兴要求中，被置于"神社（神道）"对面的"宗教"。[①] 被置于"神社（神道）"对面的"宗教"乃佛教，乃基督教。不过，被比较宗教学家加藤作为认识对象的宗教，乃被视为"宗教式"的人类的文化事象。[②] 在这里，严格地建构宗教概念并不是问题。毋宁说，在比较宗教学这里成为问题的是宗教性事象之中的人的差异。正因为如此，围绕"神社（神道）对宗教（佛教、基督教）"这种宗教之间的问题，比较宗教学者加藤才有登场的理由。

形成于近代欧洲的比较宗教学结构性地包含着的，是相对于文明宗教的非文明·自然宗教这种差异，是相对于基督教的非基督教的诸种宗教这一差异。日本——作为与欧美为伍的新文明国家的日

---

① 关于在明治时期围绕政教关系的话语中"宗教"概念是怎样和"神社""神道"等概念一起被建构的，本书第八章《"国家神道"这一遗产》中有详细论述。——原注

② 加藤首先指出宗教学正面展示的是各种各样的"宗教现象"。他说必须通过对于这诸种宗教现象的研究阐明"宗教的本性与真相"。但是各种宗教的比较研究自身在方法论上必须以包容性的宗教概念为前提。加藤将其宗教概念界定为"宗教可以说是超人的存在与人之间的人类性交流关系"。此外，在加藤用英文撰写的《我国国体与神道》中有如下界定性叙述："所谓宗教乃对于神性之物的人的精神的实际表现形式。"（Religion is practical mood of a man's mind towards the Divine.）（《神道之宗教学式新研究》第二章《宗教学上的宗教》）。——原注

本——的比较宗教学，也必须以这种差异观念作为前提。不过，这种被引入日本的比较宗教学课题尽管是以这种差异观念为前提，但对于神道，尽管与基督教、佛教等文明宗教不同，却依然将其作为并不逊色的宗教进行分类，给予学理上的合法性。如果说"神道乃宗教"是在学理上必须认可的真理，那么它就应当被无所顾忌地主张。

加藤的工作是从发展史式的宗教分类开始的。他把宗教分为自然教和文明教，把"自然生成、原封未动的宗教，不含有进步的知识道德要素的宗教"称作自然式宗教。与此相对，将"包含着进步的哲学、道德思想的伦理性、智的宗教"视为文明式宗教。进而，加藤用图示的方式，将自然教一分为二——劣等的与高等的，将文明教二分为律法教和纯粹伦理性的智的宗教。犹太教、伊斯兰教、基督教、佛教等被置于文明教的位置，而神道没有被置于图中的任何地方。在发生史的意义上，神道大概是自然教，但也有可能被看作处于与文明教融合的进步过程之中。

但是，似乎是要与此种发生史式的类别划分一争高下，围绕诸种宗教的其他分类乃至归纳也在进行。首先是作为古今东西宗教界两大潮流的神人同格教与神人悬隔教这二者被类别化。这两种类型的划分是从神与人的交流关系出发进行的，但一般认为，前者在文明教时期的代表是佛教，而从后者的体系中则产生了基督教。但是，基督教已经向神人同格化的方向迈出了一步，而加藤说代表神人悬隔教的是犹太教和伊斯兰教。前者在神人同格教方面对于神与人之间的密切关系进行了思考，"神采用人的形状呈现出来，而人成为神又是被允许的"。——加藤这样解释。神道当然是被归类于这种神人同格教之中。与此相反，在神人悬隔教之中，一般认为"神与人之间耸立着无法逾越的高墙，人最终不能成为神，人与神的对等性混合不被允许"。这种从神与人的关系出发的宗教的类别化，其重要之处，与其说在于神道被怎样类别化，不如说在于人变为神的神道并不因此而被特殊看待，而是在一般的宗教分类中被类别化。进而，在加藤的论述中受到关注的，是围绕神人关系的两种类型，其对于同格与悬隔这种关系的过度强调，被看作有损于人的宗教性。加藤指出，实际存在的宗教原封不动地包含着各自的性质。他阐述说这种观点对于一神教系的唯一神教来说，或者对于多神教系的万有神教来说，都是适应的：

> 至于细微之处，即使是神人同格教的系统之中，也具有神人悬隔教的要素。如果这两者之中会有完全缺乏对方的要素那种事情，那么作为宗教即已不能成立。与此相表里，唯一神教与万有神教二者作为宗教事实，互为表里、相辅相成，既不存在完全缺乏其他要素的唯一神教，也不存在同样的万有神教。如果说有这种东西，那么此等之物绝对不成其为宗教。[1]

5. 国民型宗教与世界型宗教

在加藤进行的宗教类别化区分之中，对于神道来说具有决定意义的是国民型宗教与世界型宗教这种类别化。加藤给国民型宗教（Nationnal Religion）附加了非传道型宗教（Non proselytizing

---

[1] 加藤玄智，《神道之宗教学式新研究》第一章《宗教的诸种形态》。——原注

Religion）这种特殊性质，而将世界型宗教（World，Universal Religion）界定为传道型宗教（Proselytizing Religion）。加藤指出：前者为"各国国民固有之宗教，仅限于各自的国民所信仰的宗教"。而后者是"打破了'国民'这一障碍，在世界各处都能够受到尊信的宗教"。而且，他阐述说，与古代希腊、罗马的宗教相比，埃及、巴比伦、亚西利亚等古代诸种国民的宗教均为国民型宗教，与此相反，基督教、佛教、伊斯兰教等是世界型宗教。国民型宗教即负有"仅限于各自的国民所信仰的宗教"这种排他性规定的宗教。就是说，到了加藤这里，宗教是被通过"国家"或者"国民"这种政治性的界限划分概念而被类别化的。此种国民型／世界型的区分，被看作是在与神人同格型／悬隔型、唯一神型／万有神型以及传道型／非传道型等不同的维度上进行的类别化，或者是具有不同性质的类别化。

以色列的神耶和华，因为移居到萨马利亚的外国人不崇敬这片土地的神耶和华，便放出狮子，试图将这些外国人杀害（《旧约·列王纪略·下》）。——加藤举出此例，以《安南记》为据叙述道："与此相同，神社信仰亦为吾国之国民型宗教，因此，如果身为日本人，纵使寓居于万里之海外，却依然欲向伊势大神宫进奉银币一百二十两"，并补充说明道："须知吾国之天照大神与以色列之耶和华均为国民型宗教之神，与其国土、国民之间保持着无法切断之关系。"

在建构这种排他性的国民型宗教概念的过程中，加藤似乎丧失了对于现实性宗教——那种内含了展示给神人同格型／悬隔型宗教的两种类别化契机的现实性宗教——的认识角度。即便是世界型宗教，也不可能作为脱离了各自的地域所固有的民族性基础的现实性宗教而展开，而自然生成的国民型宗教，也接受文明世界中各宗教的影响，在与之融合的过程中发生历史性演化。对此，加藤在宗教发展史的层面上也是认可的。但是，在建构与世界型宗教相对的国民型宗教概念的过程中，他是以近代日本的"神社对宗教"这一对立图式作为前提，将双方均作为排他性概念进行建构。

在以近代日本政教关系为中心的抗争性话语中，"神社（神道）"尽管是作为非宗教的祭祀被从佛教和基督教两种宗教中区别开来，却一直是将国家·国民的品格作为自有之物。与此相对应，作为"宗教"的佛、耶二教被给予的是由个别信仰者构成的宗教信仰这种个人性质。[1]加藤玄智原封不动地接受了该日本近代史中"神社（神道）"与"宗教"的对立性概念建构，与此同时进一步运用国民型／世界型这一对立图式将神社（神道）作为国民型宗教进行重新建构。这样，佛、耶二教被从个人单位的超国家性质来对待，而与此相对，神社（神道）被作为以国民单位的国家色彩为特征的宗教来把握：

> 须知宗教当中存在着以一国国民为单位的国民型宗教和以个人为单位的世界型宗教。比如佛、耶二教这种世界型宗教，是这样以个人为本位，具有世界普遍性，因此，其结果是自然而然地不得不将超国家的思想孕育在其教义之中。而就以国民为单位的宗教而言，无论是崇拜妒忌之神的宗教，还是被称之为国家之重大祭祀的宗教，与作为世界型宗教的、个人单位的、超国家主义的佛、耶二教相

---

① 参阅前章《"国家神道"这一遗产》。——原注

比，大异其趣，均为以国民单位的国家色彩为特征的宗教。

在根据世界型／国民型这一对立图式对作为国民型宗教的神社（神道）概念进行重新建构之际，加藤玄智是运用比较宗教学家的论辩方式进行话语活动、立场鲜明的国家主义者。承蒙这位加藤的努力，日本国家中"国民型宗教即国家神道"被定义出来。

6.·"国民型宗教·神道"之记述

在加藤将神道称为国民型宗教的情况下，所谓的教派（宗派）神道被从那种神道之中剔除了。作为教派神道被剔除之后的国民型宗教的神道——加藤将这种神道与"国体神道·神社神道"相提并论，进行定性，称之为"国家型神道"。[①] 在分析该"国家型神道"究竟为何物之前，首先看看加藤论述作为国民型宗教的神道的言辞。"概言之，神道——其中的国体神道·神社神道，乃日本国民固有之宗教心的发现，若非日本国民，则无须多言。若为日本国民，则无论怎样挣扎，最终也无法与此种神道完全绝缘。"加藤这段将神道作为日本国民之固有宗教进行表述的言辞，具有宗教认同的主张这种性质——认为日本人乃拥有固有宗教·神道的国民。因而，对内而言该言辞表达的也是日本国民通过神道（神社）这一宗教性认同进行排他式形成的要求（"日本人正因为是日本人所以必

---

① 加藤在《神道精义》（大日本图书，1938 年）中将"神道"分类为"（第一）国家神道"［"（一）国体神道、（二）神社神道"］和"（第二）宗派神道"（"十三派神道"），并描画出分类图。——原注

然性地必须是神道信徒"①）。如果从对外关系来看，那么加藤的这种言辞表达的，大概就是对于拥有神道这一固有宗教的日本国民及其国民型宗教的认知要求。确实，宗教学家加藤玄智是用西洋文字将"日本国民的宗教——神道"（Shinto，the Religion of the japanese Nation）传达给世界的。

　　经历了第一次世界大战的、1920 年之后的日本，作为能够与欧美诸先进国家为伍的大国，努力向世界展示自己在亚洲的位置。加藤等人的比较宗教学是在这一时期的日本形成的学术性话语。那是在通过宗教学式的分类给予神道（神社）以学术上的位置的同时，对于作为日本国民之固有宗教的神道提出世界性的认知要求。近代日本的对于诸种文化的比较研究，同时也是将学术性的志向向日本这一国家的文化进行引导的行为。——关于该问题前面已经论述过。就像比较语言学带来了作为日本国家语言学的国语学、比较民族学带来了作为日本国家民族学的民俗学，现在，比较宗教学带来了作为日本国家宗教学的神道学。通过满怀国家主义热情的比较宗教学家加藤玄智，该神道学在 20 世纪 30 年代·昭和初期的日本被作为"国家性神道"而阐述。那么，在加藤这里被与"国体神道·神社神道"并列记述，并被规定了含义的"国家性神道"是怎样被阐述的呢？

---

① "如果身为日本人，那么与生俱来地，当然是神道——国体神道·神社神道的信徒，并且必然地必须是这种神道信徒。换言之，日本人没有采用或者不采用神道——国体神道·神社神道——的自由，即没有选择的自由。日本人之所以成其为日本人，必然地必须是神道——国体神道·神社神道——的信徒。"（《神道之宗教学式新研究》）——原注

　　神道乃编织进吾国国家组织中之一大要素。因此，那不外乎以吾日本之天皇为中心之举世无双之国民型宗教。在此意义上，可以说日本的国家组织是宗教式的。即也可以说，至今为止日本一直拥有找不到相同例证的、一种独特的神政统治的国家体制。祭政一致的国体，表述的即为该特质。(《神道之宗教学式新研究》)

　　加藤在这段文字中恰恰没有使用"国家性神道"一语，但是，他是将神道作为与日本的国家组织不可分割之物来记述的。把这个以该神道为不可分割之物的国家称为"神政统治之国家"——加藤使用了如果是现在的神道人将会立刻取消的表达方式：

　　日本之国家，其国民型宗教为国家神道，该教之精髓·核心在于神皇崇拜与神皇信仰。所谓神皇即神人同一教这种宗教的对象，同时也是日本的国民型宗教的对象。该对象对于日本人来说，从日本精神看来，乃最为重要之存在。(《神道精义》)

　　加藤在《神道精义》中对于日本的"国民型宗教为国家神道"进行了明确界定。对于那个"国家神道"，加藤在进一步强调其天皇教性质的同时展开了记述。从古至今，天皇为神人同一式的宗教对象的神皇（现津神·现人神）。不过，"国家神道"为文明教时期的神人同一型宗教，是伦理性的、智性的。所谓"国家神道"，乃作为文明教时期的国民型宗教，在将"国家"作为最高价值的同时，也是国民伦理体系的信仰体系。正因为如此，神皇信仰才被表达为"不变不化、永久常恒之存在，崇拜御天皇，以天皇为神皇奉之，由此国家得以成立的民族"的信仰。而且，加藤指出，文明教时期的神人同一教·神道，"鉴于伦理道德的崇高之点，对于体现此种崇高的伟人英雄，承认其神之光，奉之于神社，作为神社祭祀之神"。加藤指出湊川神社是如此，护王神社是如此，松阴神社也是如此。这里，我大概已经无须跟随加藤对"国家神道"做更多的解说。最后，且引用加藤将"国家神道"与"国体神道·神社神道"进行分离式叙述的言辞：

> 处于神人同一教之中的日本神道，就像通过上面的研究已经十分清楚的，乃日本之国民型宗教。从古至今崇奉神皇，以神皇信仰为中心而形成。那里存在着国体神道，而且，作为其具象化，神社神道显现出来。若给予总的称呼，即为国家神道，以此与佛、耶二教那种宗教、与现今受到完全相同之对待的宗派神道相区别。[1]

7. 什么必须被埋葬？

近代日本的比较宗教学家加藤玄智通过将神道（神社）作为拥有神人同格教特质的团体教"国民型宗教"进行区别，向世界提出

---

[1]　加藤围绕"国体神道"与"神社神道"二者之关系的解说，姑且从《神道精义》中再引用一段于此。"这种国体神道虽然是无形的存在，但它假若由红色牌坊、稻草绳和千木来象征，这里便产生了神社神道，国体神道变换形状展现出来，神社神道由是而生。"——原注。译者说明："千木"即神社大殿房脊上的交叉长木。

了对于神道进行宗教学式认知的要求。与此同时，加藤作为日本国家的宗教学家，将"国民型宗教·神道"作为日本的"国家神道"来阐述。他认为"吾国国体自身直接就是神道之精髓"的"国家式神道"，这种记述，可以说呈现了有关近代天皇制国家日本的宗教学式记述在昭和前期的日本已经明确成立这一事实。那确实是对曾经作为意识形态的国家神道的宗教学式的表述。

我在这里之所以追踪由加藤进行的神道作为"国民型宗教"的宗教学式重构的轨迹，并非为了在他这里找到"'国家神道'幻想"的生产者，将加藤与那种"'国家神道'幻想"同时埋葬。① 应该说，这是因为我认识到了由他建构出来的"国民型宗教·神道"概念的重要性。将神道（神社）置于作为日本之民族精神·日本之固有宗教这一固有性之中来把握，如何将其置于与近代国家不可分割的联系之中进行重新定义、重新建构，这里应当曾经存在着近代神道的课题。那个课题依然是作为尚未被充分解决的课题存在于现代神道人之中——关于这一点我在本书的前面几章已经反复论述过。如果说怎样将神道（神社）置于与现代日本国家的联系之中进行重新定义、重新建构这一问题之中包含着现代神社神道人的课题与愿望，那么作为对于这种要求的回答，加藤的"国民型宗教·神道"概念已经被重新发现位于他们的话语系统之中——作为理所当然的国家的国民宗教（市民宗教）论。明白了这一点之后，我们就必须

---

① 将占领军发布的《神道指令》责令解散的"国家神道"作为虚像，试图通过制度史上的实像对那种虚像进行置换的"国家神道"重新认识论者，将作为那种虚像的"国家神道"的创造者在加藤这里呈现出来，力图将加藤与虚像"国家神道"一同埋葬（新田均，《现人神""国家神道"的幻想》，PHP 所，2003 年）。——原注

以快刀斩乱麻的方式埋葬加藤的"国家型神道"论。有必要再一次将其暴露在光天化日之下进行审视——"国民型宗教·神道"论在加藤这里是作为"日本国民固有之神道"论展开了排他性·压抑性的话语行为。必须埋葬的是神社神道人继续怀有的对于国家的欲望。

第十章
战争之国与祭祀之国
——国家的连续性与祭祀

1. 为了靖国而展开的话语是什么?

为了靖国而述说的话语究竟以何为指归? 中西辉政在完全是为靖国神社而写的文章的结尾处, 发表了如下这段言论:"将靖国神社作为为国家献出生命的人, 即阵亡者慰灵的核心设施, 今后也永远守护下去, 这也是在国家安全保障政策方面占首位的重大课题。"[①]

中西辉政坦率表达的是:为了靖国而发声, 换言之, 为了为国家献出生命的人而发声, 这样做的目的在于使为国献身者的出现在将来也是可以期待的。中西极其坦率地将这种观念表述为"国家安全保障政策上第一位的重大课题"。

中西的这些言辞确实是在文章的结尾处表达出来的, 但是, 这并非水到渠成式地引导、归纳出来的结论。所谓为了靖国而展开的话语, 在文章开头就已经展开。上述言辞只能认为是此种话语的同义反复。正因为如此, 中西也一边说明这是"重复而言", 一边在为靖国而发声的文章中继续对此进行重复, 曰:

---

① 中西辉政,《靖国神社与日本人的精神》。《正论》8 月临时增刊号 "靖国与日本人的心", 2003 年 8 月。——原注

　　重复而言，对于发挥为国家的存在而奉献生命这种无与伦比的、高尚的自我牺牲精神的人们，国家必须尽全力予以表彰，使之传诸后世。否则，此精神作为国家的道义心即告崩溃，在将来的危机中挺身而出的日本人当然也就不可期待。

实际上，由中西反复表达的这种言辞，清晰地显示了所谓为了靖国而建构的话语是由何人、出于何种目的、怎样被展开的。所谓为了靖国而发声并非谈论靖国。现在，我在此也正在谈论靖国，但并非为了靖国而努力发声。而且，战死者的许多遗属以及具有亲缘关系的人们也会谈论靖国吧。但是其言辞并非为了靖国而表达出来。所谓为了靖国而表述的言辞，是指那种尽管将个别遗族叙述靖国的言辞作为自我主张的最有力的情绪支撑而纳入，但本质上与那种言辞相异的话语。

　　为靖国而发声，就是像中西辉政那样发声。即一边将自己与国家同一化，一边为国家而发声。假如用一种时代错误式的措辞来表达，即作为忧国之士而发声；假如用撕破画皮的措辞来表达，即作为国家代言人而发声，即声称"国家必须尽全力予以表彰"，将其作为"国家安全保障政策上第一位的重大课题"来阐述。为靖国而发声，就是为确保即使在将来也有为国家献出生命者涌现而发声。

2. 何为连续性国家？

　　为了靖国而发表的言辞，是以从过去持续到将来的国家的连续性为前提。即靖国的英灵们为之献出生命的国家即使在将来也必须是献身的对象。1945年的战败乃帝国日本之挫折，对于日本国家来说一条非连续的线在那时应当已经画出。但是，中西辉政等历史再认识论者将这种非连续乃至断裂暧昧化，或者进行否定。

中西在提出"为何8月15日乃终战之日？"这一问题的同时，认为那天中午昭和天皇在用收音机广播的形式向国民宣告战争结束的同时也向国民传达了日本的连续性。中西说："就是说，'8月15日'并非日本这个国家的终结之日，而是将其深层连续性向国民传达的日子。作为那种连续性的象征，对阵亡者进行祭祀的是靖国神社。"但是，天皇的《终战诏书》在何种意义上表述了国家的连续性？所谓"然大势所趋，朕堪难堪之事，忍难忍之物，欲为万世开太平"[①]，不是表明了强加给国民许多苦难的战争时代之终结的言辞吗？天皇说的明明是战争时代日本的终结，即战争之国已经终结。尽管如同"朕兹寄信赖于可护持国体、忠良之尔等臣民之赤诚，且与尔等臣民永在"一语所示，天皇也同时怀有护持国体、天皇制国家继续存在的愿望。在约翰·道尔的《拥抱战败》一书中，关于战后在占领军与日本政府的共同运作下天皇的战争责任怎样被免除、日本怎样被转向象征天皇制，均有详细记述，即天皇制在延续。但那并非曾经在天皇的名义下使众多国民的牺牲和对外战争行为成为可能的天皇制国家。日本人曾经为了天皇而牺牲自己、屠杀其他国家的人。那种历史绝对没有延续到战后。

中西为了将战败不是作为终结，而是作为持续来叙述，便只有将围绕天皇制式国家的持续·不持续问题暧昧化，以"日本人的心"这种民族文化、传统等的持续性进行叙述。关于每年夏天在靖

---

① 这是昭和天皇裕仁《终战诏书》中的话。——译注

国神社里面举办的盂兰盆舞会^①，中西说"只有那种活动，作为贯穿战前战后'日本人的心'之证明，才是显示了靖国神社的存在之物"。

但是，所谓战争之国即为祭祀之国。日本是战争之国，因此也曾是英灵们的祭祀之国——证明这一点的最好证据就是靖国神社的存在。"连续"被与靖国一起言说的国家即为战争之国、祭祀英灵之国。正因为如此，推动自卫队向伊拉克派兵的小泉首相才固执地一直进行靖国神社参拜。我们不能被盂兰盆舞会之类骗小孩的言辞所欺骗。

3. 冲绳与不被祭祀的死者

一直觉得，如果不去冲绳做研修旅行，我本人的战后过程就没有结束。但是，那种愿望至今未能实现。填补了我未能实现的冲绳旅行愿望这一空白的，是名为《冲绳研修旅行》的旅行指南。^②该书是以去冲绳进行研修旅行的高中生为读者对象、以战中与战后的冲绳历史为主干而编写的优秀的冲绳介绍手册。作为旅行读物，有关冲绳之战的记述是悲惨的，在阅读该书的过程中那种悲惨的记述一直让我无法安眠。已经做好充分思想准备的本土决战为何能够避免？当时身为小学高年级学生的我，在感觉到死的恐怖的同时也揣

---

① 盂兰盆节，日本传统节日之一，起源于佛教的魂灵祭祀风俗。男女老幼一起跳舞，迎接一年一度回到世间的魂灵，并送其返回上天。

② 新崎盛辉、仲地哲夫等，《冲绳研修旅行》第二版，高文研，1999 年。——原注

感到本土决战必将发生。本土决战为何能够避免？因为冲绳之战已经作为本土决战的替代物以更为惨烈的形态进行了！"日本军队有组织的战斗结束了，但是由于司令官自杀，而且在自杀前留下了幸存者只要活着就必须战斗到最后的遗言，以至于冲绳之战成了一场没有终点的战斗。实际上，冲绳的日军在嘉手纳机场正式签订投降书是在9月7日，即日本投降的8月15日之后又过了23天。"但是，与不得不参加这场没有终点的战斗的日本军人相比，承受了更惨烈、更残酷命运的是冲绳本地的居民。

美军在攻打冲绳本岛之前攻占了庆良间各岛屿。冲绳作战中应当称作"悲剧极限"的事态在那里出现了。这就是亲生骨肉也不得不互相杀害的居民的"集体自杀"。其牺牲者被认为多达七百名。防卫厅编辑的战争史《冲绳方面陆军作战》中这样记载着："甚至小学生、妇女都配合战斗，努力与军队紧密配合，保卫父祖之地……为消除战斗人员的拖累、从崇高的牺牲精神出发而主动结束自己生命的人出现了。"父亲被迫用棍棒击打妻子儿女，置其于死地，那种悲剧绝不是可以用"崇高的牺牲精神"之类的言辞来描述的。沾满泥水、沾满鲜血的死亡遍布冲绳，将那种虚伪的美丽词句打碎。冲绳居民四人之中就有一人死于冲绳之战。这种死是不被国家祭祀的死。这种被国家驱赶向死地的死者，而且国家绝对不祭祀的死者告诉我们，围绕靖国神社的美丽词句除了虚伪还是虚伪！战争之国与被祭祀的英灵同时在国内国外制造了大量不被祭祀的死者。

4. 死者对国家的反问

如果不仅是从冲绳，并且从国内外无数不被祭祀的死者的角度

"英灵"们的遗照

　　由亲属提供的"英灵"们的数千张遗照用"某某之命"的本名原封不动地被神格化，装饰在游就馆的墙壁上。他们已经不是一般的"英灵"，而是出于遗属们让不同家庭的战死者相聚于此的心情而被装饰在这里。

出发来思考，那么打着"日本人的心"这一旗号阐述国家与靖国神社之连续性的话语，显然不过是意识形态式的无稽之谈。被国家所杀害而且绝对不被国家祭祀的死者们，不会期待那种"国家的连续性"。所谓20世纪，即国家被这样无数的死者们所反问或者必须被反问的时代。死者数量的增加并非无意义的。靖国神社祭祀的牌位数量，特别是大东亚战争的2133823这一牌位数量，其含义远远大于被给予的"护国之英灵"这种意义。那像是一组对"英灵"这种国家赋予的意义本身进行反问的数字。更何况，对于被国家驱赶向死地的国内国外无数不被祭祀的死者来说，靖国神社的存在本身就是欺骗。国家进行祭祀意味着什么？——那些死者们在追问！

国家进行祭祀与国家进行战争同为歧视性、排他性、自我中心式的行为。国家仅仅是为了自身而祭祀。对于冲绳集体自杀的居民们，国家仅仅是给予"崇高的牺牲精神"这种美丽词句，却并不举行祭祀。导弹攻击下伊拉克孩子们的死亡会被美国人作为为了"自由"不得不付出的牺牲而无视。据说，美国国防部长拉姆斯菲尔德被问及"对于美国的新战争而言，胜利是什么？"时，他这样回答："如果能够让世界明白美国在继续自己的生活那就是胜利。"①对于发动战争的美国来说，只存在受到保护的美国人的生活。既没有巴勒斯坦人的生活，也没有阿富汗人、伊拉克人的生活。

伴随着新世纪开始的美国的战争，在配合战争的国家的国民当中促成了对于战争本身的根本性怀疑。只有对一目了然的国民意愿的分裂或者国家与国民意愿的分裂采取无视的形式，这场战争的完

---

① 引自阿隆戴提·罗伊《为了拆毁帝国》，本桥哲也译，岩波新书，2003年。——原注

和平之碑

　　冲绳·摩文仁之丘的"和平之碑"。超越国籍、不分加害者或被害者、不分军人或居民，将所有死于冲绳之战者的名字都刻在上面的追悼之碑。许多死者死亡地点不明，连遗骨都没有留下，对于遗属来说，只有刻在这里的名字才是表达自己追思之情的神圣纪念。

成及其对战争的配合才成其为可能。现在为了国民而进行的战争
已经绝对不存在。我们已经通过太平洋战争明白了这一点。对国
家战争行为的本质性怀疑，使我们拥有了宪法中放弃战争的条款。
而且，正因为所谓战争之国即制造英灵之国、祭祀英灵之国，所
以 1946 年的和平宪法禁止国家的宗教行为以及对宗教行为的参与。
可以说，日本宪法中表明了切断战争之国的连续性的放弃战争原则
与彻底的政教分离原则，在目前具有更为重大的意义。

后　记
谁在祭祀死者？

　　乔治・L.莫塞记述了第二次世界大战后欧洲诸国英灵祭祀的衰退。[1] 英灵祭祀，即以国民的荣光和公的关系来举行的对阵亡者的祭祀。在这里，每个阵亡者在国家与国民的名义下，被作为为了国家的胜利和复兴而付出崇高牺牲的人，即被作为一般英灵来祭祀。英灵祭祀的衰退并不仅仅限于战败国德国——拒绝纳粹国家伴随阵亡者在国民记忆中持续存在的战败国德国。莫塞说：战后，即使是在查理・戴高乐试图将国民与军事的荣耀的结合进行复活的法国，最终也是"阵亡者祭祀与男子汉气概或国民的荣光等等的公共性的结合被切断"，"对死者的哀悼被凸显到前面"。对于在反法西斯主义、反军国主义的战争中获胜的美国与在祖国保卫战中获胜的苏联（俄罗斯）来说，国家・国民层面的英灵祭祀与祈祷的意义衰退下来，是越南战争和进攻阿富汗之后的事。

＊　＊　＊

　　是什么造成了英灵祭祀的衰退？能够找出的第一个原因是战争造成的大量死亡。所谓"大量"并非仅仅指战斗人员。第二次世界

---

[1] 《英灵——被制造的世界大战记忆》，宫武实知子译，柏书房，2002年。——原注

大战中，大量的但能够统计的战斗人员的死亡背后，存在着数不胜数、确实是"无数"的非战斗人员以及市民的死。以第二次世界大战最后的，而且是进行了最大规模战斗的冲绳之战为例，战死的日军战斗人员为94136人，但在战争中死亡的冲绳普通居民几乎是同样数量的94000人。而美军在冲绳之战中的战死者为12520人。[1]这种排除了战斗人员或非战斗人员之区别的大量死亡，从本质上导致了对于战争意义的怀疑。不存在因为这大量的死亡而荣光化的国家。战败国不言而喻，对于战胜国来说同样如此。因为，第二次世界大战中死者的数量，远远超出了作为被赋予国家之荣光、复活于国家之将来等意义的英灵的死者的数量。靖国神社作为"英灵"来祭祀的死于大东亚战争的2133823尊这一数字，远远超出同样被靖国神社祭祀的从明治维新至支那事变的战死者数量332604尊。[2]而且，在这些被视为"英灵"的战死者的背后，存在着由国家造成的、由靖国造成的数不胜数的庞大的死者数量。

* * *

由此大概能够举出造成英灵祭祀衰退的第二个原因。将战争中的死赋予为了自己的荣光而作出的牺牲这种意义的国家，由于这大量的牺牲者而完全丧失了自身的重量，轻如鸿毛。第二次世界大战

---

[1] 根据冲绳县救济科公布的资料。——原注

[2] "大东亚战争""支那事变"等用语是借用靖国神社的说法。——原注。译者说明：日本人一般将1941年12月8日偷袭珍珠港开始的战争称作"大东亚战争"，而将"七七事变"称作"支那事变"。参阅本书第三章的相关说明。

的代表性战胜国美国，也由于越南战争的失败而丧失了通过胜利与繁荣而保持的国家的重量——能够强加国民之死这种牺牲的国家的重量。越南战争将进行不能正当化的战争的国家的存在暴露了出来。不过，美国政府的愚蠢行为——徒然地试图通过战争重新树立由于那场越南战争而丧失的国家的重量——现在正作为中东的悲剧而呈现。

华盛顿的越南战争纪念碑的黑色墙壁上长长地镌刻着战争牺牲者的名单。这并非对一起被纳入"英灵"的牺牲者进行公共表彰的纪念碑。在这里，作为个人的死者的名字，是为了让有亲缘关系的人和归国士兵用手抚摸着进行悼念而镌刻的。在那座越南战争纪念碑的旁边，有美国政府遵从保守的复员军人们的要求而建造的常规型由三军军人像构成的纪念碑。但是，据说造访华盛顿的这个地方的人们，几乎都是为了悼念墙壁上刻着名字的死者，而非为了凭吊三军军人像构成的纪念碑。围绕华盛顿的这座越南战争纪念碑，那本《英灵》的著者莫塞认为这是最清晰地显示了英灵祭祀的衰退这一第二次世界大战后变化之最终归结的事件。越南战争，这场美国第一次失败的对外战争中的死者个人的名字，现在依然保留在纪念碑上，接受怀念死者、与死者有关联的人们的悼念而沉睡着。

* * *

英灵祭祀的衰退并非仅仅是欧洲或美国的事。战争牺牲者成为"英灵"意味着什么？——必须从本质上进行这种追问的，应当曾经是第二次世界大战战败国日本。我所谓的"应当曾经是"，是基于允许首相对英灵之社·靖国神社公然再三进行参拜的日本之现状。不过，现在就去看看日本的那座靖国神社吧。靖国神社中曾为兵器博物馆的游就馆，如本书第三章所述，摇身一变成为旨在赋予英灵之社·靖国神社以意义的历史博物馆。不过，通过明治之后反反复复的战争来编织帝国光荣历史的游就馆的展览，将支那事变·大东亚战争造成的大量牺牲者呈现在人们面前，失去了将牺牲者作为英灵而赋予意义的语言。而且，游就馆最后的展览室的墙壁上贴得满满的是阵亡者的数千张遗像。那些是遗属们提供的死者的肖像照片。那大概是年纪轻轻就逝去的战死者们仅存的遗照吧。那些照片的下面标记着被"某某命"[1]神格化的个人姓名，占满了若干面墙壁。战死者们在这里并非一般的英灵。因为这里有拥有"某某"这种个人姓名的死者们的存在。而且，遗属们也并非为了追悼一般的英灵而来到这里。有亲缘关系的遗族们是为了追悼某位父亲、某位丈夫而来到这里的。靖国的英灵祭祀，仅仅是承担着相信日本帝国之连续性的政治家或旧军人们、政治学者或神职人员们的观念而存在着的。

*　　*　　*

莫塞从华盛顿的越南战争纪念碑发现了显示围绕英灵祭祀变化之最终归结的实例。我从国家举行的对于战争牺牲者的公共显彰已经仅仅作为虚妄才能够存在这一证据中发现了冲绳之战，将摩文仁的"和平之碑"看作其证明的遗迹。如同前面列举的，94000人，这一冲绳之战造成的普通居民的死者，同阵亡的军事人员几乎

---

① 这里的"命"是对亡故者的敬称。同前。——译注

相同数量的这些死者，是无法用"国家"来计算、来赋予意义的死者。国家大概不会以自己的名义来祭祀这些死者，而且，死者们也会拒绝这种国家举行的祭祀。摩文仁的和平之碑上，不分敌方与己方、军人与居民、加害者与被害者，超越国籍镌刻着所有在冲绳之战中失去生命的人们的名字。在其总数 239092 名中，包括美国人 14008 名，韩国人 341 名，英国人 82 名，朝鲜人 82 名，中国台湾人 28 名（统计数据截止至 2004 年 6 月 23 日）。

　　冲绳之战是将国民卷入而推动战争这种国家行为之最大的、恐怕也是最后的悲剧性战例。冲绳之战的牺牲者们，在这块和平之碑上，是超越造成惨痛死亡的国家，作为一个一个的个人留下姓名的。这块和平之碑显示的，是以每一个战争牺牲者的名字而举行的祈祷，远比以国家之英灵的名义举行的空洞的祈祷更真实，具有更深意义上的人性。现在，在摩文仁的和平之碑前面，遗属们触摸着刻在上面的死者的名字，供奉着香火、花束。之所以这样，是因为在被轰炸、破坏得地形都发生改变的冲绳之战中，牺牲者当中的大多数人连死亡地点也不知道，遗骨也不知去向。仅有镌刻在石碑上的名字，成为表示与死者之联系的神圣纽带。

＊　＊　＊

　　所谓有胜利有失败的战争，过半数的国民相信其发生具有正当性的战争，第二次世界大战难道不是最后一场吗？而且，这场大战本身，难道不正是促使人们对于"战争造成的胜利与失败是什么"这一问题从本质上进行怀疑的战争吗？在那之后的越南战争中，战争当事国美国有超过半数的国民怀疑那场战争的正当性。那

177

之后，为什么美国在中东之地进行了海湾战争这场使用最新兵器的实验性战争？为什么 NATO 军队在科索沃实施了空袭？——此类即使追问也得不到确切答案的战争，在南斯拉夫，在巴勒斯坦，在阿富汗，而且在伊拉克反复进行着。就是说，美国等国发动的战争——支持该战争的国家中半数以上的国民对其正当性表示怀疑的战争——在 21 世纪的现在被重复着。现在进行的战争中，已经完全没有与国民的荣光相联系的战争。毋宁说是国民不理解甚至可以说是国民视为耻辱的战争。这场战争没有胜利，仅有给国民的心灵带来裂纹和空洞的愚蠢的终结。

在被伊拉克的反美武装杀害的韩国牺牲者的葬礼上，母亲撕毁政府赠送的花圈、放声痛哭的情形，以极度悲惨的形式告诉我们伊拉克战争与对该战争的支持对于国民来说意味着什么。韩国与日本政府等对于伊拉克战争的支持，即使将与美国政府的合作作为理由，也完全不能将国民的存在作为理由。政府对于本国国民牺牲者的祭祀，完全只能是欺骗！——这一事实作为韩国母亲们强烈的愤怒表示出来。

* * *

一直觉得，对于小泉首相公然参拜靖国神社这一对于本国国民和亚洲邻国人们的挑衅性行为，我作为思想史家必须给予回答。如同我现在在本书的这篇后记中所论述的，对于该英灵之社·靖国神社的参拜，本质上是充满时代错误的欺骗行为。不过，我在这里所谓的"时代错误"，并非是指其行为仅仅落后于时代，而是说其行为是一种基本上没有立足于历史——与 20 世纪数不胜数的战争牺牲者相伴随的那种历史——的傲慢、无耻行为。

　　然而，小泉进行的此种时代错误式的靖国神社参拜，却受到了强大的话语支援。那是主张国民的光荣历史的历史再认识论者所提供的支援。就是说，所谓国民的光荣历史的主张者，同时也是彰显国民之荣光的英灵祭祀的支持者。日本首相的靖国神社参拜就是这样以历史再认识论者们的支持为背景，公然地、似乎是要挑衅亚洲邻国人们似的反复进行着。因此，我对于这种挑衅性行为所进行的批判性回答，也必须围绕此种历史再认识论和"国家神道"再认识论而进行。

　　前年（2002）岁暮，我的《亚细亚论》和《汉字论》两书完稿，开始了印刷前的工作。就是在那时候，与《现代思想》杂志总编辑池上善彦先生商定了连载"国家神道论"的策划。以那第二年即 2003 年 5 月的黄金周为中心，我写了前两次连载的稿子。我有从近世的儒家鬼神论或复古神道论等对近代进行审视和话语分析这种方法论意义上的准备，[①] 但是，对于我来说，以现代日本的国家神道论为主题展开论述，还是初次的体验。不过，在写作对现在的神道家·神道史家们提出的"国家神道"再认识论进行批判性分析的第一次连载稿《国家神道的现状》的时候，我印证了所谓"祭祀之国家"即为"战争之国家"的关联项这种认识。就是说，宣告成为"不战之国"的《日本国宪法》，因此即作为"不祭祀之国"而自动规定下来。所谓"战争之国"即为"祭祀之国"这种认识，被明确设定为我的国家神道论批判的基轴。同时，这种认识也使现代

---

① 日本历史分期中所谓的"近世"一般指江户时期，即 1603 年至 1867 年。——译注

史的问题意识与我的国家神道论发生了密切关联。

*　　*　　*

从开始写作该连载《国家与祭祀》中的论文的 2003 年春天开始，我离开大学这种工作场所成为靠养老金生活的人。我离开大学的研究室，进入自己的书斋这种工作间，现在必须亲自出门查找近现代神道史等相关资料。我的双脚频繁地踏入国会图书馆等地，特别是旧书展销场所。这种持续至今的旧书展巡视，促成了我不仅是对于近现代神道史，而且是对于近现代诸种精神体验史的关心与视角。

我得以用收获丰厚的、充实的形式送走了写作连载文章《国家与祭祀》的这一年。要再一次感谢给予我在《现代思想》杂志上以发表机会的该杂志总编辑池上先生。而且，青土社冈本由希子女士说该书的编辑出版工作是她本人的使命，接受了编辑工作。我相信，通过该书与冲绳出生的冈本女士相遇，是得力于长眠于冲绳地下的魂灵的引导。

子安宣邦
2004 年 6 月 30 日

子安宣邦的政治神学批判（译后记）

董炳月

如同书名所示，本书是以"国家"与"祭祀"为轴心展开论述并建立起完整的话语系统。日文原版的腰封上有内容简介，题为《谁在祭祀死者？》，曰："国家不可祭祀——探寻'靖国'之源流，解析'水户学'之政治神学，在亚洲大视野中考察国民国家形成过程中宗教的功能。首席日本思想史学家不辱使命，投入以国家神道为中心的话语抗争。"这段话对《国家与祭祀》之方法论与基本观念的概括简洁、准确。

子安宣邦先生的著作被译为中文这并非第一次。在中国台湾，2003 年喜玛拉雅研究发展基金会曾出版其《东亚儒学：批判与方法》。在大陆，2004 年吉林人民出版社也出版了他的《东亚论：日本现代思想批判》。后者为赵京华编译，赵京华撰写的解说文章《子安宣邦的日本现代知识考古学》对子安宣邦的学术研究进行了系统而又卓有见地的解说，作为"代译后记"附于书后。几乎是与《东亚论：日本现代思想批判》出版的同时，书中的部分内容与解说也刊载于《视界》第十四辑（河北人民出版社 2004 年 9 月出版）。对于汉语圈的读者来说，在理解子安话语、理解《国家与祭祀》方面，上述两个中文译本，尤其是赵京华的解说均值得参考。当然，具有更直接的参考意义的，是这本《国家与祭祀》的"后记"与子安宣邦为该书中文译本撰写的序言。

一目了然，这本《国家与祭祀》具有自觉、鲜明的政治批判性。子安宣邦在"后记"中明言："对于小泉首相公然参拜靖国神社这一对于本国国民和亚洲邻国人们的挑衅性行为，我作为思想史家必须给予回答。"在中文版序中，他把这种回答称作与日本的"历史再认识论"者们所进行的"批判性抗争"或"思想性抗争"。作为一部具有现实政治批判性的著作，《国家与祭祀》在 2004 年出版并非偶然。此时的日本社会在继续右倾化，"二战"结束六十周年即将到来。2001 年小泉纯一郎就任日本首相之后不停地参拜靖国神社，导致了日本与中韩近邻国家关系的恶化。与此同时，日本知识界所谓的"历史再认识论"者们也通过所谓的"历史再认识"为小泉的参拜提供文化依据与学理支撑。子安先生在本书第一章《国家神道的现状》中论及的"国家神道再认识论"，实质上是作为小泉参拜的文化依据存在的。就是说，在 2004 年前后日本的政治、文化状况下，作为政治家的小泉纯一郎与作为知识人的"历史再认识论"者们，同时构成了子安宣邦的抗争对象和批判对象。另一方面，也是在《国家与祭祀》出版前后，同为日本批判知识分子重镇的小森阳一和高桥哲哉分别出版了《天皇的"玉音放送"》（五月书房，2003 年 8 月）和《靖国问题》（筑摩书房，2005 年 10 月）。换言之，作为特定历史时期的政治批判话语而出现的《国家与祭祀》，其价值不仅是通过与小泉及其学理支撑者的对抗确立的，并且是通过与《天皇的"玉音放送"》《靖国问题》等日本知识分子批判话语的并列确立的。《国家与祭祀》存在于当代日本的文化思想体系之中。

在《国家与祭祀》中，子安宣邦是"作为思想史家"展开自己的政治神学批判。"作为思想史家"——这是一种身份的界定同时也是方法的界定。"作为思想史家"展开批判，就是在纵向的日本思想史脉络之中展开批判。于是，靖国神社问题被追溯到作为"天皇制国家日本之大祠"的伊势神宫，并且被置于 19 世纪水户学经典《新论》的延长线上来认识。战后由美国主导制订的、规定着和平宪法政教分离原则的《神道指令》也被置于与"历史再认识论"的关联之中重新认识。"作为思想史家"的论证方法，也就是赵京华阐述的子安式知识考古学方法。事实上，子安先生本人在书中也不止一次使用"考古学式"这个词。与此同时，子安的知识考古学方法与文本（语言文本以及被文本化的历史事件）细读结合在一起。例如，第二章通过对相关史料的解读展示了伊势神宫被"制造"出来的过程，第七章则通过对参与《神道指令》起草工作的美国人伍达德论文的正本清源式细读，揭露了"历史再认识论"者大原康男为了恢复国家神道的地位对于伍达德论文的断章取义，并阐述了"政教一致"与"祭政一致"二者的关系。子安宣邦的此类批判所呈现出来的是日本政治神学的生成过程与实践形式，《国家与祭祀》是一部将学术性与现实批判性进行了完美结合的著作。

基于《国家与祭祀》的政治神学批判来看近年成为焦点并直接影响到日本与中韩等国关系的日本政治家参拜靖国神社问题，能够发现，甲级战犯问题并不是问题的全部，或者说并不是问题的关键。仅仅在现代历史的维度上抗议小泉的靖国神社参拜远远不够。问题的关键，在于曾经在近现代与日本军国主义紧密结合的日本政治神学传统在今天复活的危险性。在政治神学的意义上，小泉是要通过参拜行为重建"祭祀之国即战争之国"的日本。这是传统的"祭政一致"政治神学思想的现实化、具体化。在"祭政一致"的逻辑中，靖国神社参拜与海外派兵、与近年日本社会的右倾化具有内在的相关性与一致性。这样一来，规定着"政教分离"原则的日本宪法第二十条的重要性便更为鲜明地凸显出来。——这种重要性是与规定着放弃战争的第九条同样重要的那种重要性。针对日本右翼政治势力的"改宪",2004 年夏天日本知识界成立了以保护《日本国宪法》(和平宪法)第九条为宗旨的"九条会",在日本各地开展了声势浩大的和平运动。而从子安宣邦对于战争与祭祀之关系的考察来看,对《日本国宪法》第二十条的保护同样重要或者更为重要。这是一个通过中断日本的政治神学传统而彻底消除日本军国主义可能性的问题。在阻断日本作为"祭祀之国即战争之国"的连续性方面,《日本国宪法》中规定着政教分离原则的第二十条和规定着放弃战争原则的第九条同样重要。因为,如子安所述,为臣民提供一个死后安居的场所是使臣民投身战争的前提。

　　《国家与祭祀》用两章(第四、第五章)的篇幅对水户学经典、会泽安所著《新论》的政治神学思想进行了细致解读。大陆学界有关水户学的研究状况待考,美国学者贝拉的名著《德川宗教:现代日本的文化渊源》(中译本,三联书店,1998 年)对水户学有所涉及,却没有给《新论》以足够重视。如子安宣邦分析的,《新论》的核心问题是通过"天祖"概念的重构将"祭政一致"作为一种具有政治群体和祭祀群体二重性的群体的主张而提出,以及由此形成的国体论。饶有兴味的是,在日语中"祭事"与"政事"写成平假名均为"まつりごと",本来是同一个词。子安宣邦通过在成书于19 世纪前期(1825)的《新论》与明治日本以及后来彻底军国主义化的昭和前期日本之间建立联系,在更大的历史纵深之中发现了20 世纪上半叶"战争之国"日本的思想根源。确实,《新论》构想的"国家"在明治后期至昭和前期的日本获得了实践形式,在"大东亚战争"中甚至作为教科书发挥功能。——这在笔者为翻译《国家与祭祀》查阅资料的过程中得到了具体印证。《新论》是用汉文书写，而《国家与祭祀》引用的是冢本胜义的日文译注本。为了核对原文，笔者请身在东京的友人林少阳（是他把《国家与祭祀》推荐给译者）到神保町的旧书店购买《新论》。于是，一册旧得发黄但完好无损的文库本《新论·迪彝篇》（《迪彝篇》为会泽安实践道德论的代表著作，成书时间晚于《新论》约八年）寄到了身在北京的笔者手中。那是昭和十六年（1941）九月十五日的版本。这个版本出版之际，日本的侵华战争正在进行，日军即将偷袭珍珠港，"太平洋战争"即将爆发。这本书的封面内侧有用毛笔竖写的签名："第十一中队第三区队　土井亮"，工整的签名上方贴着一张小小的方形图书登记表。登记表中除了"十一、三、土井亮"一项，另有"中队长""教官""书名"三项。"教官"栏空白，而"中队长"栏盖着一个小小的椭圆形印章，似为"莲冈"二字。就是说，在 20 世纪上半叶日本的侵略战争中，《新论》成为日本军人的政治教科书。甚至文库本（能够装在衣服口袋中的小尺寸书籍）这种书籍形态，也便于携带，适合军旅生活。《新论》之所以能够成为军人教科书，如子安宣邦分析的，在于它宣扬的是具有帝国主义意识形态性质的政治神学。在《新论·迪彝篇》书后所附冢本胜义撰写的"解说"中，皇纪（神武天皇即位的公元前 660 年为日本的皇纪元年）的使用体现出译注者鲜明的"皇国主义"立场。冢本在"解说"中指出："将忠孝大义传于无尽之将来者为祭祀，以祭神之心行政治，行政治之心则为祭神之心。即皇国之真姿存于祭政一致。"对于会泽安在《新论》中提出的"提携满清、巩固国防为最上之国策"这一观点，冢本认为："该外交政策作为目前东亚新秩序之前身占有崇高历史地位。"——这两段引文在最本质的层面上体现出《新论》和"大东亚战争"的一致性。《新论》·冢本胜义·土井亮三者构成了一个历史性的、含义深刻的结构。在这个结构之中，思想史与现实达到了统一，知识人与军人完成了结构性统合。——统一·统合于战时日本的军国主义意识形态。战争年代日军士兵土井亮使用的这本《新论》，经过六十多年的岁月之后，以《国家与祭祀》被翻译为中文为契机，从东京的旧书店辗转来到北京的译者手里，这个过程似乎包含着诸多历史与思想的曲折。

关于会泽安在《新论》中建构的"祭祀国家的理念"，子安宣邦有细致论述。会泽的相关话语在《新论》中多有所见，且引两段于此："祭以为政。政以为教。教之与政。未尝分为二。故民唯知敬天祖奉天胤。所乡一定。不见异物。是以民志一而天下合矣。此帝王所恃以保四海。而祖宗所以建国开基之大体也"（国体上）；"国之大事。在祀在戎。戎有一定之略。祀为不拔之业。实国家之大事。而万世之长计也"（长计）。政治神学的功能，即在于"使死者有所凭以安其神。生者知死有所归而不惑其志"。现在的那些作为子安们抗争对象的右翼政治家、神社神道人、右翼知识人亦深明此理，因此支持政治家参拜靖国神社这种政治神学实践行为。如子安在第十章中指出的——右翼知识人代表之一中西辉政在题为《靖国神社与日本人的精神》中直言不讳："对于发挥为国家的存在而奉献生命这种无与伦比的、高尚的自我牺牲精神的人们，国家必须尽全力予以表彰，使之传诸后世。否则，作为国家的道义心即告崩溃，在将来的危机中挺身而出的日本人当然也就不可期待。"中西是用赤裸裸的语言印证了子安阐述的"祭祀之国即战争之国"的逻辑，并且使小泉纯一郎参拜靖国神社这一行为的政治神学意义再次显现出来。

对于中国读者来说，《新论》中值得注意的问题应当很多，并且有别于日本读者。《新论》对于来自汉语词汇的"天祖"概念的重构已如子安所论，就与汉语的关系而言，《新论》那精妙的汉文让笔者惊叹，惊叹之中隐约发现了"同文同种"的某种依据。称日本"神州"或"中国"意味着真正的中国被夷狄化，对应西方入侵的战略似乎也适应于同时代的晚清中国。所有这些，均有待于"中国视角"的解读。

　　子安宣邦对日本政治神学的批判是尖锐的。由于明治后期以来的日本历史是在对中韩等东亚国家的侵略中建立起来的，因此子安批判的反面是对于现代日本政治神学支撑的日本军国主义直接受害者中韩诸国人们的同情。借用一位友人的表达，这种思想是一种"伴随着痛感的思想"。换言之，思想在作为一种思想存在的同时获得了一种情感的形式。在该书中文版序言中，子安先生提及观看日本青年电视工作者以中国东北日军遗留化学武器受害者为题材拍摄的影片《来自洒满辛酸泪水的大地》（制作者是为了调查日军遗留在中国的化学武器给当地人造成的伤害而辞去ＮＨＫ难得职位的海南友子）时的痛苦感受。在为《东亚论：日本现代思想批判》撰写的中文版序言中，他也提及类似的历史事实与感受。在《"世界史"与亚洲、日本》（收入《东亚论：日本现代思想批判》）一文中，他谈及另一件事：上个世纪80年代末他住在北京的友谊宾馆里，看到日本商社职员用低廉的工资雇用中国老年妇女照看小孩，他感到难以忍受。他是从某些浅薄的日本人很容易产生优越感的地方看到了人与人的不平等和历史的阴影。

　　不过，正因为如此，对于中国读者来说，如何共有子安宣邦对于政治神学以及对于国家的批判才变成一个并不简单的问题。我们作为中国读者应当意识到：子安宣邦的"日本批判"构成了当代日本的一部分。在此意义上子安宣邦本人及其批判话语对于"日本"来说是一个悖论性存在。如果将"子安话语"置于"日本"之外，"日本"就会被简单化、就会遭到分裂，这种简单化与分裂有可能助长某种狭隘的民族主义情绪，导致与批判者子安的期待相反的东西出现。——这尚且不是主要的。更主要的是如何超越国家历史的差异性与国民身份的历史性，在一个新的维度来认识国家问题。毫无疑问，近代中国作为被侵略的国家是在与日本等列强的对抗过程中建立起自己的国家，侵略与被侵略的不同历史造成了日本与中国"国家"存在合理性的巨大差异。不过，这种差异作为与特定历史阶段结合在一起的产物，并不能消除国家性质的一般性与普遍性，具体言之即无法抹消国家的双刃剑性质。显然，与国家的历史性相并列，个人与国家的矛盾成为子安政治神学批判的另一维度。因此，在《国家与祭祀》的第十章，那些不被国家祭祀的众多死者们才被推到前台。只有在将孤独的生命个体与巨大的国家对置的情况下，战争才能够在超越了正义／非正义的层面上被否定。这也是批判知识分子、反体制知识分子确立自己批判立场的重要形式。

对子安先生的学问有所了解是始于友人林少阳的推荐。那已经是五年前的事。去年（2005）3月中旬与诸同道造访京都，17日子安先生特意从东京乘新干线赶到京都与各位见面。那天中午春雨潇潇，在京都车站前的一家餐厅里看到鹤发童颜、精神抖擞、年轻人一样背着双肩包的子安先生，精神为之一振。返回北京一个月之后的4月20日开始翻译这本《国家与祭祀》，5月底翻译到第四章就暂停了。原因是太忙，翻译难度也太大。文学研究专业出身的我只是一个思想史爱好者，知识结构与该书的内容差异甚大，不是最合适的译者。让韩东育、陈玮芬等通晓日文的思想史专家来翻译也许更合适。9月中旬子安先生到长春开会，会后来到北京，在"清华东亚文化讲座"发表了两场讲演，并出席《读书》为他举办的对话会。此间我对他的思路与逻辑有了较为清晰的把握，也从他的批判精神中获得了力量。今年5月底将其他事务推在一边，全力投入翻译，进展甚速。7月18日译完子安先生为中文版撰写的序言，译结尾处才发现子安先生撰写中文版序言正巧是在一年前的7月18日。

学术与政治方面的动机之外，"学习"是我翻译本书的目的之一。译完这本书，我知道自己"学习"的目的确实达到了。学习了日本思想史，学习了日语，甚至学习了汉语。更为重要的是，与子安先生（以及同类批判知识分子小森阳一、高桥哲哉、山田正行、岛村辉各位）接触，感佩于他们的人格力量，我一度崩塌的"日本想象"也得以重建。在这个意义上我应当对他们表示感谢。

通过翻译该书，我对翻译这种语言冒险行为有了新的理解。"子安话语"与"子安文体"相表里，其表达方式曾经让我难以适应，但在适应之后却感到了一种独特的魅力。译文显然有冗长、晦涩之感，但进入思想深处的路途本来曲折，作为译者我已经屈服于这种文体。这是要向编辑叶彤兄和读者各位表示抱歉的。错讹之处望方家指正，也希望该书有新的译本出现。

最后要感谢子安宣邦先生和少阳兄在翻译过程中给予的积极配合，感谢一桥大学博士研究生佐藤俊先生给予的帮助。

2006 年 9 月 16 日草就于东京世田谷，

22 日改定于北京寒蝉书房